AF450687

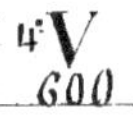

HAVILAND & C°

FABRIQUE DE PORCELAINES
À LIMOGES

FABRIQUE DE FAIENCES D'ART
ET ÉCHANTILLONS DE LIMOGES
116, RUE MICHEL-ANGE
PARIS-AUTEUIL

EXPOSITION UNIVERSELLE DE 1878

GROUPE III. CLASSE 20. SALLE E.

TARIF
DES PORCELAINES ET DES FAÏENCES
DE
HAVILAND & C°

TABLE — CONTENTS — INDICE — TAFEL

PORCELAINE H & Co

Haviland & Co ne fabriquent qu'une seule qualité de porcelaine. Elle est de la plus belle qualité de kaolin de Saint-Yrieix, sans aucun mélange de matières étrangères; son émail est du feldspath pur, sans aucune addition de matières fondantes. La pâte et l'émail sont cuits ensemble, — ou plutôt *fondus ensemble*, — à une température de 1800 degrés centigrades, température à laquelle tous les métaux, excepté le platine, sont volatilisés.

Cette porcelaine est donc la plus dure et la plus dense des matières produites par l'industrie humaine. Elle est, par conséquent, la matière la plus propre aux usages domestiques et la plus durable. Quoique le prix en soit assez élevé, 100 francs de porcelaine font un plus long usage que 100 francs de la poterie la moins coûteuse.

CHOIX, MARQUES ET PRIX

Les porcelaines H & Co sont classées de la manière suivante : Sur 100 pièces sorties du four, 25 environ sont mises de côté comme rebut ou inférieur, et les 75 pièces restant sont classées en quatre choix de la façon indiquée dans ce tableau.

CHOIX	PROPORTION	MARQUES DES PORCELAINES BLANCHES	MARQUES DES PORCELAINES DÉCORÉES		PRIX DES PORCELAINES BLANCHES ET DÉCORÉES
2e CHOIX	environ 30	H & Co L en vert (sous émail) et la marque barrée par un trait en creux dans l'émail ou sans aucune marque	HAVILAND & Co ou H & Co L	en noir ou sans aucune marque	Tarif moins 15 %
CHOIX	environ 25	H & Co L en vert (sous émail) (sans autre marque)	HAVILAND & Co ou H & Co L	en bleu	Tarif net
ÉLITE	environ 15	H & Co L en vert (sous émail) et H & Co ÉLITE en vert sur étiquette de papier	HAVILAND & Co ou H & Co L	en vert	Tarif plus 20 %
SPÉCIAL	environ 5	H & Co L en vert (sous émail) et H & Co SPÉCIAL en brun rouge sur étiquette de papier	HAVILAND & Co ou H & Co L	en brun rouge	Tarif plus 50 %

Le choix SPÉCIAL n'est employé que pour les décorations très-riches. Nous recommandons l'ÉLITE pour les meilleurs services et le CHOIX pour les services ordinaires. Le 2me CHOIX est encore beaucoup moins défectueux que les plus belles porcelaines de Chine ou du Japon et nous le recommandons spécialement comme la plus économique des poteries.

Une même décoration augmente ou diminue de prix suivant le choix de la porcelaine parce que cette décoration est faite sur 2me CHOIX, par les artistes payés le moins cher, tandis que sur ÉLITE elle est faite par nos meilleurs peintres ou décorateurs. Les décorations sur choix SPÉCIAL sont confiées à des artistes exceptionnels.

EXPLICATION DES TARIFS DE PORCELAINES DÉCORÉES

Le prix de chaque décoration est indiqué par une ou deux lettres. Si la décoration est marquée C, le prix *d'un objet quelconque* avec cette décoration se trouvera dans la colonne C du tarif. Si la décoration est marquée CD, son prix sera moyen entre celui de la colonne C et celui de la colonne D.

Lorsqu'une décoration ne suit pas le bord d'une assiette, le prix de cette décoration est indiqué par une même lettre, que l'assiette soit à bord uni ou à bord festonné. Mais si la décoration est au bord de l'assiette, son prix est plus élevé lorsque cette décoration suit les ondulations d'un feston que lorsqu'elle suit un bord uni. Si donc le prix d'une décoration au bord d'une assiette ou d'un objet quelconque à bord uni est donné par le tarif C, le prix de cette même décoration sur services à festons sera donné par un tarif plus élevé, D ou E par exemple.

Les prix plus élevés que ceux du tarif O sont donnés par le *tarif supplémentaire* (pages 60 à 63).

CONDITIONS

Les prix de ce tarif sont ceux de la fabrique à Limoges, emballage en plus. Tous ordres venant de l'étranger doivent être accompagnés d'une lettre de crédit réalisable à Paris.

NOTA

Les *marques, formes* et *décors* de Haviland & Co sont déposés et protégés contre toute contrefaçon.

PORCELAIN H & Co

Haviland & Co make but one quality of porcelain. The body is pure Saint-Yrieix kaolin of the finest quality. The glaze is pure feldspathic rock. Both body and glaze are fired at one time, — *are melted together,* — at a temperature of 1800 degrees centigrade or 3200 degrees Farenheit, a temperature at which all metals, except platina, are volatilized.

This porcelain therefore is the hardest and most dense material produced by human industry, and consequently the cleanest for usage and the most durable.

Although porcelain of the best manufacture is expensive 100 francs worth *will* last much longer than the same value in cheapest pottery.

SELECTIONS, MARKS, AND PRICES

Haviland & Co's porcelain is classified in the following manner: Out of 100 pieces from the oven, about an average of 25 pieces are put aside as inferior and the remaining 75 pieces are devided into 4 selections in the manner shown by the following tableau:

SELECTIONS	PROPORTIONS	MARKS ON WHITE PORCELAIN	MARKS ON DECORATED PORCELAIN		PRICES OF PORCELAIN, WHITE AND DECORATED.
2e CHOIX	about 30	H&Co L in green (under glaze) and cross-bar in the glaze or without any mark.	HAVILAND & Co or H&Co L	in black or without any mark.	Tariff less 15 %.
CHOIX	about 25	H&Co L in green (under glaze) and no other mark	HAVILAND & Co or H&Co L	in blue.	Tariff net.
ÉLITE	about 15	H&Co L in green (under glaze) and H&Co in green on paper label.	HAVILAND & Co or H&Co L	in green.	Tariff plus 20 %.
SPÉCIAL	about 5	H&Co L in green (under glaze) and in reddish brown on paper label.	HAVILAND & Co or H&Co L	in reddish brown.	Tariff plus 50 %.

The « SPÉCIAL » selection is only employed for very rich decorations. « ÉLITE » is recommended for best selection and « CHOIX » for ordinary usage. « 2me CHOIX » is less imperfect than the best porcelain sent from China and Japan and is specialy recommended as the most economical pottery.

The price of a same decoration is increased or decreased according to the selection on which this decoration is applied, because on « 2me CHOIX » the decoration will be made by our least paid artists, while on « ÉLITE » the decorations will be made by our best painters and decorators. Decorations on « SPÉCIAL » selection are entrusted to exceptionnal artists.

EXPLANATION OF TARIFFS FOR DECORATED PORCELAIN

The price of each decorated sample is indicated by one or by two letters. If a sample is marked C, the price *of any object in the tariff* with the same decoration will be found in column C of the tariff. If the decoration is marked C D, its price will be intermediate between the price of column C and the price of column D.

When a decoration does not follow the edge of a plate the tariff for such a decoration will be given by the same letter whether the service has a *plain edge* or a *cut edge*. But if the decoration is on or near the edge of the plate, it is more expensive when made to follow the sinuosities of a festoon, than when applied on a plain border. If therefore the price of a decoration on the edge of a plain plate or of any other object with a plain border is given by tariff C, the price of same decoration on *cut edge* or *festoon* services will be found *in* a higher tariff, D or E for instance.

Prices above those of tariff O, will be found in the « *Supplementary tariff* » (pages 60 to 63).

TERMS

The above are the prices at the manufactory, Limoges. Packing and carriage to be added. No allowance for breakage.

Orders executed only on receipt of a bank credit on Paris.

NOTICE

Haviland & Co's marks, shapes, and decorations are all registered and protected against counterfeiting.

PORCELANA H & Cº.

La casa de Haviland & Cº no fabrica mas que una clase de porcelana. Esta es de la mejor calidad de kaolin de San Irieix sin ninguna mezcla de cuerpos estraños
Su esmalte se compone de feldespato puro, sin ninguna adicion de sustancias fundentes. La pasta y el esmalte estan cocidos juntos ó mas bien « fundidos juntos » á la
temperatura de 1800° centigrados, temperatura á la cual todos los metales con escepcion del platino se volatilizan.
Esta porcelana es pues la mas dura y densa de las materias que produce la industria humana siendo por lo tanto la mas adecuada á los usos domésticos y de mas
duracion. Si en efecto su precio es bastante elevado, cien francos de esta porcelana resisten mas y mas duran para el uso que cien francos de vajilla de otra clase
menos costosa

SURTIDOS, MARCAS Y PRECIOS

Las porcelanas de H & Cº se clasifican de la manera siguiente :
De 100 piezas que se extraen del horno, 25 poco mas ó menos se separan por imperfectas, y las 75 otras se clasifican en 4 clases de la manera indicada á
continuacion :

SURTIDOS	PROPORCION	MARCAS DE PORCELLANA BLANCAS	MARCAS DE PORCELANAS DECORADAS.		PRECIOS DE PORCELANAS BLANCAS Y DECORADAS.
2e CHOIX	cosa de 30	H&Cº L verde (con esmalte) y la marca cruzada con una rayita honda en el esmalte sin ninguna marca.	HAVILAND & Cº ó H&Cº L	negro ó sin ninguna marca.	Tarifa menos el 15 %.
CHOIX	cosa de 25	H&Cº L verde con esmalte sin ninguna marca.	HAVILAND & Cº ó H&Cº L	azul.	Tarifa neta.
ÉLITE	cosa de 15	H&Cº L verde con esmalte y verde sobre un rótulo de papel.	HAVILAND & Cº ó H&Cº L	verde.	Tarifa y á mas el 20 %.
SPÉCIAL	cosa de 5	H&Cº L verde con esmalte y castaño sobre un rótulo de papel.	HAVILAND & Cº ó H&Cº L	castaño.	Tarifa y á mas el 50 %.

No se emplea el surtido « SPÉCIAL » sino para dibujos de un gusto riquisimo. Recomendamos el « ÉLITE » para los mejores servicio, y el « CHOIX » para los
servicios ordinarios. Es menos defectuoso el « 2me CHOIX » que los mejores porcelanas de China ó Japon, y lo recomendamos especialmente por ser la mas económica
de las vajillas.
El precio de un mismo tipo de adornos aumenta ó disminuye segun la clase de porcelana á que se aplica. Por ejemplo los adornos de « CHOIX SPÉCIAL » se confian
á artistas escepcionales, los que se dedican á la calidad « ÉLITE » se encargan á nuestros mejores pintores y los dibujos en porcelana llamada de « 2me CHOIX » se hacen
empleando artistas de menores talentos.

INDICACION DE LAS TARIFAS DE PORCELANAS DECORADAS

Está indicado el precio de cada tipo de adornos por una ó dos letras. Si el tipo lleva la marca C, el precio *de un objeto cualquiera* con esta decoracion se encontrará
en la columna C de la tarifa. Si el tipo va marcado C D, su precio será por término medio entre el de la columna C y el de la columna D.
Cuando los dibujos no siguen los bordes en los platos el precio esta indicado por una misma letra, sean sean en los platos con borde, lisos ó de feston. Pero si los
dibujos estan en los bordes de los platos, su precio es mayor, cuando siguen los huecos del feston, que cuando se hallan con los bordes lisos. Así pues, el precio de los
adornos con los bordes, ó de un objeto cualquiera de bordes lisos, se encuentra en la tarifa C, y el precio de estos mismos adornos en servicios de feston resultará en
una tarifa mas elevada, ó sea D ó E, por ejemplo.
Los precios de las clases superiores á los de la tarifa O se darán como tarifa suplementaria (paginas 60-63).

CONDICIONES

Los precios de esta tarifa son los mismos que los de la fábrica de Limoges, no comprendido el empaque. Todos los pedidos del extranjero deberán ser acompañados de créditos realizables en Paris.

NOTA

Las marcas formas y dibujos de Haviland y Cº tienen privilegio esclusivo, para evitar su falsificacion.

PORZELLANE H & C°.

Haviland & C° fabriziren nur eine einzige Qualitæt Porzellan. Sie ist von der schœnsten Qualitæt Kaolin von Saint-Yrieix, ganz ohne Beimischung fremder Stoffe; Ihr Email ist reiner Feldspath, ohne Zufügung schmelzender Kœrper. Der Teig und der Email werden zusammen gekocht oder eigentlich *zusammen verschmolzen*, bei einer Temperatur von 1800 Centigrad, unter welcher alle Metalle, mit Ausnahme des Platinas, sich verflüchten.

Dieses Porzellan ist also der hærteste und dichteste aller Stoffe, welche durch die menschliche Industrie dargestellt werden. Es ist folglich der geschickteste Stoff für hæuslichen Gebrauch und auch der dauerhafteste. Obgleich der Preis ziemlich hoch ist, verschaffen 100 Franken Porzellan einen længeren Gebrauch als 100 Franken der weniger kostspieligen Tœpferwaare.

WAHL, ZEICHEN UND PREIS.

Die Porzellane H & C° werden classifizirt wie folgt : Von 100 aus dem Ofen gezogener Stücke werden 25 auf die Seite gelegt als Ausschuss oder Auswurf, und die 75 übrigen Stücke in vier Auswahlen vertheilt, wie es in der folgenden Tabelle angedeutet ist:

WAHL	VERHÆLTNISS.	ZEICHEN DES WEISSEN PORZELLANS.	ZEICHEN DES GEZIERTEN PORZELLANS.	PREIS DER WEISSEN UND GEZIERTEN PORZELLANE
2me CHOIX.	ungefähr 30.	in grün (unter Email) und mit einem holklenen Strich durch das Zeichen in Email oder ganz ohne Zeichen.	HAVILAND & C° oder H & C° / L — in schwarz oder ganz ohne Zeichen.	Tarif mit 15 Prozent weniger.
CHOIX.	ungefähr 25.	H & C° / L — in grün (unter Email) ohne andere Zeichen.	HAVILAND & C° oder H & C° / L — in blau.	Tarif netto.
ÉLITE.	ungefähr 15.	H & C° / L — in grün (unter Email) und in grün auf papierenen Zettel.	HAVILAND & C° oder H & C° / L — in grün.	Tarif mit 20 Prozent mehr.
SPECIAL.	ungefähr 5.	H & C° / L — in grau (unter Email) und in rothbraun auf papierenen Zettel.	HAVILAND & C° oder H & C° / L — in rothbraun.	Tarif mit 50 Prozent mehr.

Die « SPECIAL » Auswahl wird nur für sehr præchtige Verzierungen gebraucht. Wir empfehlen die « ÉLITE » für das beste Tischgeræth und die « CHOIX » für den gewœhnlichen Gebrauch. Die « 2me CHOIX » ist noch viel weniger schadhaft als das schœnste chinesische oder japanesische Porzellan und wir empfehlen sie besonders als die billigste Tœpferwaare.

Eine gleiche Verzierung erhœht oder vermindert den Preis nach der Auswahl des Porzellans, indem diese Verzierung durch die am wenigsten bezahlten Künstlern auf « 2me CHOIX » stattfindet, wæhrend die auf « ÉLITE » durch unsere besten Maler oder Verzierer ausgeführt wird. Die Verzierungen auf « SPECIAL » Auswahl werden ausnahmsweise befæhigten Künstlern anvertraut.

PREIS-VERZEICHNISS VERZIERTER PORZELLANE.

Jeder Verzierungspreis ist durch ein oder zwei Buchstaben angegeben. Ist derselbe mit C bezeichnet, so ist der Preis irgend eines Gegenstandes dieser Verzierung in der Kolonne C des Tarifs angegeben. Sollte die Verzierung C D bezeichnet sein, so ist der Preis der mittlere zwischen dem der Kolumne C und dem der Kolumne D.

Wenn eine Verzierung den Rand eines Tellers nicht umringt, so ist der Verzierungs-Preis durch den gleichen Buchstaben angedeutet wie für den Teller mit verziertem oder nicht verziertem Rande.

Befindet sich die Verzierung am Rande eines Tellers, so ist der Preis hœher, wenn die Verzierung die Biegungen eines Blumengehænges, als wenn sie einen glatten Rand umringt.

Wenn also der Tarif C den Verzierungspreis am Rande eines Tellers oder irgend eines Gegenstandes mit glattem Rande angibt, wird derselbe Preis für verzierte Service, durch einen hœhern Tarif angedeutet.

Die hœheren Preise als diejenigen des Tarifs O, gibt der *Supplément-Tarif* an (Seite 60-63).

BEDINGUNGEN.

Die Preise dieses Tarifs sind diejenigen der Fabrik in Limoges, mit Zufügung der Verpackungskosten. Alle Bestellungen aus fremden Lændern müssen mit einem Creditbrief begleitet und in Paris zahlbar sein.

NOTA.

Die Zeichen, Formen und Verzierungen von Haviland und Comp. sind deponirt und gegen alle Nachahmung geschützt.

COMPOSITIONS DES SERVICES FRANÇAIS

SERVICE DE TABLE (FORME PARISIENNE)		Mesure en centimètres	6 couverts pièces	12 couverts pièces	18 couverts pièces	24 couverts pièces
Assiettes plates,	8½ pouces.	24	24	48	72	96
— creuses,	— —	»	9	15	21	30
Plats ronds,	10 —	28	2	2	2	
— —	11 —	31	1	2	2	4
— —	12 —	31				4
— —	13 —	30			1	1
Plats ovales,	12 —	31	1	1		
— —	14 —	39	1	1	1	2
— —	16 —	45			1	1
— —	18 —	51				1
Soupière parisienne,	extra.					1
— —	1re.			1	1	
— —	2e.		1			
Légumier —			1	2	2	2
Saladier —	10½ pouces.	28				1
— —	9 —	26		1	1	
— —	8 —	24	1			
Saucière, —	extra.				2	2
— —	1re.		1	2		
Ravier, —	extra.	26			4	6
— —	1re.	23	2	4		

SERVICES A DESSERT (FORME COUPE)		Mesure en centimètres	6 couverts pièces	12 couverts pièces	18 couverts pièces	24 couverts pièces
Assiettes plates,	8 pouces	23	18	36	54	72
— à petits-fours,	8 —	»	2	4	6	8
Compotiers bas,	8 —	»				4
— hauts,	8 —	»	2	2	4	4
Jattes à fruits,	8½ —	24		1	1	2
Sucriers ovales.			1	1	2	2

SERVICES A DESSERT (FORME PARISIENNE)		Mesure en centimètres	6 couverts pièces	12 couverts pièces	18 couverts pièces	24 couverts pièces
Assiettes plates,	8 pouces	23	18	36	54	72
— à petits-fours lobées	8 —	»	2	4	6	8
Compotiers bas,	3 —	»				4
— hauts,	3 —	»	2	2	4	4
Jattes extra,	9½ —	26				2
— 1re,	9 —	25		1	1	
Sucriers ovales.			1	1	2	2

SERVICES A THÉ OU A CAFÉ		6 couverts pièces	12 couverts pièces	18 couverts pièces	24 couverts pièces
Tasses & Soucoupes,	forme parisienne.	6	12	18	24
Théières,	— —		1	1	1
Sucriers,	— —		1	1	1
Crémiers,	— —		1	1	1
Théières, 6 tasses,	— boule.	1			
Sucriers, —	— —	1			
Crémiers, —	— —	1			

TOILETTE (FORME ANGLAISE)

1 Pot à eau,
1 Cuvette, 14 pouces
1 Boîte à savon.
1 — brosse
1 Pot à éponge à grille.
2 Pots à pommade.
1 Pot à [illegible].

PRIX PAR SERVICES (COMPOSITIONS FRANÇAISES)

		Base.	A	AB	B	BC	C	CD	D	DE	E	EF	F	FG	G	GH	H	HI	I	IK	K	KL	L	LM	M	MN	N	NO	O
		fr.	fr.	fr.	fr.	fr.	fr.	fr.	fr.	fr.	fr.	fr.	fr.	fr.	fr.	fr.	fr.	fr.	fr.	fr.	fr.	fr.	fr.	fr.	fr.	fr.	fr.	fr.	fr.
Services de table Parisiens (unis)	6 couverts	52	64	69	72	76	79	82	85	88	91	95	101	107	113	121	129	138	147	158	169	182	194	208	222	238	251	277	300
	12 —	86	108	114	119	124	129	135	130	145	150	158	166	177	187	201	214	230	245	261	284	303	324	348	372	399	425	465	504
	18 —	117	146	153	160	167	174	181	188	195	202	213	224	237	251	270	286	307	328	353	377	406	434	466	497	532	565	620	672
	24 —	168	204	214	221	231	241	251	261	271	281	299	314	334	351	379	404	431	464	499	531	574	611	650	701	751	801	879	954
Service de table Parisiens (festons)	6 —	68	85	88	91	94	97	101	104	107	110	115	119	126	132	140	147	157	166	177	188	201	213	227	241	257	274	296	319
	12 —	113	140	146	151	156	161	167	172	177	182	190	198	209	219	233	246	262	277	296	314	335	356	380	404	431	451	487	530
	18 —	156	190	197	204	211	218	225	232	239	246	257	267	281	295	313	331	352	373	398	422	450	478	510	541	577	612	665	717
	24 —	225	271	281	291	301	311	321	331	341	351	366	381	401	421	446	471	501	531	566	601	641	681	726	771	821	851	916	1,021
Services à dessert coupe (festons)	6 —	29	34	36	37	39	40	42	43	45	46	49	51	53	57	61	64	69	73	79	84	90	96	103	109	117	124	136	147
	12 —	52	61	64	66	69	71	74	77	80	82	86	92	96	101	108	114	122	130	139	148	159	169	181	193	207	220	239	260
	18 —	81	95	99	103	108	112	116	120	124	128	135	141	149	157	168	178	191	203	218	232	249	265	284	303	324	344	375	406
Services à dessert Parisiens (festons)	6 —	41	49	51	52	54	55	57	58	60	62	64	66	70	73	77	81	86	90	96	102	108	114	122	129	137	145	157	169
	12 —	71	87	90	92	95	98	101	104	107	109	114	118	121	129	136	144	152	160	170	179	191	202	215	227	241	255	276	297
	18 —	116	136	140	144	149	153	158	162	167	174	178	184	193	202	213	224	237	250	266	281	299	316	336	357	378	400	425	403
Services à thé.	6 —	9	14	14 50	15	15 50	16	16 50	17	17 50	18	19	20	21	22	24	25	27	28	30	31	34	36	38	40	43	46	50	54
	12 —	18	28	28 50	29	30	31	32	33	34	35	37	38	40	41	43	45	49	52	55	58	62	66	70	74	79	83	90	97
	18 —	29	34	36	37	38	39	41	42	43	44	46	48	51	53	57	60	64	67	72	76	81	86	92	98	105	111	121	130
Services de toilette . . .		18	24	25	26	27	28	28 50	29	30	31	32	33	35	37	39	41	44	46	49	52	56	59	64	67	71	75	82	88

ENGLISH ASSORTMENTS

DINNER SERVICES (OVAL CABLE)		Inches.	for 12 persons.	for 18 persons.	for 24 persons.
			pieces	pieces	pieces
Dinner plates,	9 pouces.	10	36	48	60
Soup —	7 —	10	15	21	30
Tart or cheese, —	8 —	8½	15	21	30
Oval dishes,	10 —	11½	4	4	4
— —	12 —	13½	2	4	4
— —	14 —	15½	2	2	2
— —	16 —	18	1	1	2
— —	18 —	20	. .	1	1
Gravy, —	20 —	22	. .	. .	1
Drainer for dishes	18 —	20	1	1	1
Soup tureen & stand,	—	. .	1	1	2
Sauce — —	—	. .	2	2	4
Covered vegetable dish,	—	. .	4	4	6
Salad bowl,	—	11½	1	1	2
EXTRA PIECE FOR INDIA					
Hot water plates	9 pouces.	10	12	18	24
— — steak dish,		. .	2	2	1

DESSERT SERVICES (COTTAGE SHAPE)		Inches.	for 12 persons.	for 18 persons.	for 24 persons.
			pieces	pieces	pieces
Dessert plates,	8 pouces	8¾	12	18	24
Low comports,	8 —	. .	4	4	4
High —	8 —	. .	2	2	4
Fruits bowls,	8½ —	9½	. .	2	2
BREAKFAST SERVICES (SAXON THIN)					
Breakfast cups & saucers,		. .	12	18	24
— plates,	7½ pouces.	8¾	12	18	24
Plain egg cups,		. .	12	18	24
Sugar bowl shape,		. .	1	1	2
Cream — —		. .	1	1	2
Bowl on foot,	6 pouces.	6½	1	1	2
Round cake loop handles,		9½	2	2	4
Oval dishes,	10 pouces	12½	1	2	2
—	12 —	13½	1	1	2
—	14 —	15½	. .	1	1
—	16 —	18	. .	. .	1
Covered muffin,	8½ pouces	9½	1	2	2
Butter on stand,		. .	1	1	2

TEA AND COFFEE SERVICES (SAXON THIN)	for 12 persons.	for 18 persons.	for 24 persons.
	pieces	pieces	pieces
Tea cups & saucers,	12	18	24
Coffee — —	12	18	24
Bowl,	1	1	1
Round cake plate loop handles,	2	2	2
Oval — — — —	. .	. .	2

TOILET SERVICES (ENGLISH SHAPE)	Inches	Single set.	double set.
		pieces	pieces
Ewer,	. .	1	2
Basin, 15 pouces,	15	1	2
Chamber,	8¾	1	2
Soap box round,	. .	1	2
Brush tray oval,	. .	1	2
Sponge bowl & drainer	7	1	2

PRICES OF SERVICES ENGLISH ASSORTMENTS

		White	A	AB	B	BC	C	CD	D	DE	E	EF	F	FG	G	GH	H	HI	I	IK	K	KL	L	LM	M	MN	N	NO	O
		fr.	fr.	fr.	fr.	fr.	fr.	fr.	fr.	fr.	fr.	fr.	fr.	fr.	fr.	fr.	fr.	fr.	fr.	fr.	fr.	fr.	fr.	fr.	fr.	fr.	fr.	fr.	fr.
Dinner services plain edge	for 12	121	163	170	177	184	190	199	206	214	224	231	241	253	250	288	305	327	348	373	397	426	454	486	518	554	589	613	697
	— 18	153	198	207	216	225	234	243	252	261	270	284	297	315	324	355	378	405	432	461	495	531	567	598	648	692	748	806	873
	— 24	232	309	322	335	348	361	374	387	400	413	431	452	478	504	517	539	598	647	698	738	790	842	901	939	1021	1089	1187	1281
Dessert services plain edge	— 12	22	25	28	29	30	31	33	34	35	37	39	41	44	46	50	53	57	61	66	71	76	81	88	91	101	107	113	127
	— 18	31	40	42	44	46	48	50	52	54	55	59	62	66	70	75	80	86	92	99	109	111	122	131	140	150	160	175	190
	— 24	43	50	53	55	58	60	63	65	69	71	75	79	84	89	95	102	110	118	127	136	147	157	169	180	193	206	225	245
Dessert services cut edge	— 12	28	32	34	35	36	37	39	40	42	43	45	47	50	52	56	59	63	67	72	77	82	87	94	100	107	113	123	133
	— 18	37	49	51	53	55	57	59	61	63	65	68	71	75	79	81	89	95	101	108	115	123	131	140	149	159	169	181	199
	— 24	51	63	66	68	71	73	76	79	82	84	88	92	97	102	109	115	123	131	140	149	160	170	182	193	206	219	239	258
Breakfast services	— 12	32	44	45	48	51	53	55	57	60	62	65	68	73	77	83	88	95	101	109	117	126	131	141	154	165	176	193	209
	— 18	49	64	68	71	74	77	81	84	88	91	96	101	108	111	123	131	141	151	163	175	188	201	217	232	249	265	290	315
	— 24	73	97	102	107	112	117	122	127	131	137	144	151	164	171	183	195	210	221	247	259	279	298	320	344	367	391	428	465
Tea & Coffee services	— 12	17	22	24	25	26	27	29	30	32	33	35	37	40	42	45	49	51	57	62	67	72	77	84	90	97	103	113	124
	— 18	23	30	32	34	36	38	40	42	44	47	49	51	55	59	64	68	75	81	88	94	102	110	119	128	138	147	162	176
	— 24	31	45	48	51	54	56	59	62	65	67	71	75	81	86	93	100	105	117	127	136	147	158	171	183	197	210	231	251
Toilet services	single	20	26	27	28	29	30	30 50	31	32	33	35	36	38	40	42	44	47	49	53	56	60	63	67	71	76	80	87	94
	double	40	52	54	56	58	59	61	63	65	67	69	72	76	79	84	88	94	99	105	111	119	126	134	142	151	160	174	187

AMERICAN ASSORTMENTS

DINNER SERVICES (GABLE SHAPE)	measures in inches	12 persons	18 persons	24 persons
		pieces	pieces	pieces
Dinner plates 8½ pouces.	9½	18	24	36
Game — 7½ —	8½	..	18	24
Soup — 8¼ —	9½	12	18	24
Individual butters 3 —	3¼	12	18	24
Oval dishes 20 pouces.	22	..	..	1
— — 18 —	20	..	1	1
— — 16 —	18	1	1	1
— — 14 —	15½	1	1	1
— — 12 —	13½	1	1	1
— — 10 —	11½	1	1	1
— bakers 9 —	10	2	2	2
— fish dishes 24 —	26½	..	..	1
— — — 21 —	23½	..	1	..
— soup tureen 2q.	..	1	1	1
— vegetable dish 2q.	..	2	4	4
— sauce tureen	..	1	1	2
Sauce boat & handles.	..	..	1	1
Butter & drainer.	..	1	1	2
Salad platters 10 pouces.	..	1	1	2
Pickle bracelet.	..	2	4	4
DESSERT SERVICES (GOTHIC SHAPE)				
Dessert plates 7½ pouces	8¼	12	18	24
Bonbon stands 8 —	8½	..	2	4
High compotiers 8 —	8½	2	2	2
A. D. coffee cups & saucers.	..	12	18	24

BREAKFAST SERVICE (ANCHOR SHAPE)	measures in inches	12 persons	18 persons	24 persons
		pieces	pieces	pieces
Breakfast cups & saucers.	..	12	18	24
— plates 7½ pouces.	8¼	12	18	24
Deep mush plates 5 —	5½	12	18	24
Individual butters 3 —	3¼	12	18	24
Oval dishes 16 —	18	..	..	1
— — 14 —	15½	..	1	1
— — 12 —	13½	1	1	1
— — 10 —	11½	1	1	1
— bakers 8 —	9	1	2	2
— vegetable dishes 2q.	..	1	2	2
Round covered toast plate.	..	1	1	1
— — buckwheat	..	..	1	1
Butter & drainer.	..	1	1	1
Hot milk jug 3q.	..	1	1	1
Cream —	..	1	1	1
Double egg cups.	..	..	..	12
Single — —	..	12	18	12
TEA SERVICES (ANCHOR SHAPE)				
Tea cups & saucers.	..	12	18	24
Tea plates 6½ pouces.	7¼	12	18	24
Preserve plates 4½ —	5	12	18	24
Round cake plates.	..	2	2	2
Oval — —	..	..	..	2
Bowl.	..	1	1	1

SUPPER SERVICE (ANCHOR SHAPE)	measures in inches	12 persons	18 persons	24 persons
	pieces	pieces	pieces	pieces
Supper plates 7½ pouces.	8¼	12	18	24
Deep oyster — 6½ —	7¼	12	18	24
Berry saucers 4½ —	5	12	18	24
Individual butters 3 —	3¼	12	18	24
Cups & saucers medium size.	..	12	18	24
Oval dishes 14 —	15½	1	1	1
— — 10 —	11½	1	2	2
Round oyster tureen.	..	1	1	1
Butter & drainer.	..	1	1	1
Round pudding dish 8 —	9	1	1	1
Pickles bracelet.	..	2	2	2

TOILET SERVICE

(ENGLISH SHAPE)

1 ewer.
1 basin 14 pouces.
1 mouth ewer.
1 covered chamber.
1 soap tray.
1 brush tray.
1 mug.

PRICES OF SERVICES AMERICAN ASSORTMENTS

		White	A	AB	B	BC	C	CD	D	DE	E	EF	F	FG	G	GH	H	HI	I	IK	K	KL	L	LM	M	MN	N	NO	O
		fr.	fr.	fr.	fr.	fr.	fr.	fr.	fr.	fr.	fr.	fr.	fr.	fr.	fr.	fr.	fr.	fr.	fr.	fr.	fr.	fr.	fr.	fr.	fr.	fr.	fr.	fr.	fr.
Dinner services Plain edge	for 12	68	91	95	99	103	107	111	115	119	123	127	135	143	151	161	171	183	195	209	223	239	255	273	291	311	331	351	391
	— 18	115	155	163	170	177	184	191	197	204	211	221	232	246	260	277	291	315	335	360	381	412	440	475	508	536	570	628	671
	— 24	158	209	218	227	235	241	253	261	271	280	293	305	324	342	364	384	413	439	470	501	537	572	612	652	699	749	807	873
Dessert services cut edge	— 12	22	27	29	30	32	33	34	35	37	38	40	42	45	48	52	55	59	63	68	73	79	84	91	97	104	111	122	132
	— 18	33	41	43	45	47	49	52	54	56	58	61	64	69	73	78	83	90	96	103	110	119	127	137	146	157	167	180	199
	— 24	44	54	57	60	63	65	68	71	74	76	81	85	91	97	103	110	119	127	137	146	158	169	184	194	209	222	243	264
Breakfast services	— 12	44	59	62	65	68	71	74	77	80	83	88	92	98	104	112	119	128	137	148	158	170	182	195	209	224	239	262	284
	— 18	68	92	97	101	106	110	115	120	125	129	134	143	153	162	171	185	199	213	229	245	264	283	304	324	348	371	406	441
	— 24	89	117	123	129	135	141	147	153	159	165	175	183	196	208	223	238	256	274	295	317	341	365	397	428	457	480	526	571
Tea services	— 12	21	27	29	30	32	33	35	36	38	39	42	44	47	50	54	57	62	66	72	77	83	89	96	104	110	115	129	139
	— 18	29	37	39	41	44	46	48	50	53	55	58	61	66	70	76	81	88	94	102	110	119	127	137	147	158	170	186	202
	— 24	41	55	58	61	64	67	71	74	77	80	85	89	96	102	110	117	127	136	147	157	170	182	196	210	226	241	265	288
Supper services	— 12	45	57	60	63	67	70	73	76	79	82	87	92	98	104	112	120	130	139	150	161	174	187	201	215	231	246	270	293
	— 18	60	76	81	85	89	93	98	102	106	110	117	123	132	141	152	162	175	188	203	218	235	252	272	291	314	334	367	399
	— 24	75	94	100	105	111	116	121	126	132	137	145	153	163	175	189	202	218	234	253	272	294	315	340	364	391	418	459	499
Toilet services		21	30	31	32	33	34	34 50	35	36	37	39	40	42	44	47	48	51	53	57	60	64	67	71	75	80	84	91	98

SURTIDO DE SERVICIOS ESPAÑOLES

SERVICIOS DE MESA (FORMA PARISIENSE)	Para 6 piezas	Para 12 piezas	Para 18 piezas	Para 24 piezas
Platos llanos 8½ pouces	18	36	54	72
— de sopa — —	9	15	21	30
Fuentes ovaladas 16 pouces	1	2	2	2
— — 12 —	1	1	2	2
— — 14 —	1	1	1	2
— — 16 —	...	...	1	1
— — 18 —	...	...	...	1
— redondas 12 —	1	2	...	2
— — 14 —	...	...	2	...
— — 11 —	...	...	...	2
Sopera redonda 6	...	1	2	2
— — 24	1	...	...	...
Legumbrera —	1	2	2	1
Salsera con 2 asas 14	1	1	2	2
Ensaladeras 10 pouces	...	1	2	2
— 9 —	1	...	...	...
Platillos a Mosaicos	2	2	4	6

SERVICIOS DE POSTRE (FORMA ROSA)	Para 6 piezas	Para 12 piezas	Para 18 piezas	Para 24 piezas
Platos llanos 7½ pouces	12	24	36	48
Pastelito 8 —	2	4	6	8
Compotera baja 8 —	...		2	2
— alta 8 —	2	2	2	4
Quesera 8½ —	...	1	1	2
Azucarero oval	1	1	1	2

SERVICIOS PARA TE (FORMA INGLESA)	Para 6 piezas	Para 12 piezas	Para 18 piezas	Para 24 piezas
Taza de te y platillo	...	12	18	24
— café —	...	...	1	1
Tetera	...	1	1	1
Azucarero	...	1	1	1
Lechera	...	1	1	1
Bol	...	1	1	1
	...	...	...	2

SERVICIOS PARA TOCADOR (FORMA INGLESA)

1 Jarro de agua.
1 Jofaina, 15 pouces.
1 Caja para jabon.
1 — cepillos.
1 Bol para esponja con reja.
1 Pote para pomada.

PRECIOS SEGUN SURTIDOS ESPAÑOLES

		Blanco	A	AB	B	BC	C	CD	D	DE	E	EF	F	FG	G	GH	H	HI	I	IK	K	KL	L	LM	M	MN	N	NO	O
		fr.	fr.	fr.	fr.	fr.	fr.	fr.	fr.	fr.	fr.	fr.	fr.	fr.	fr.	fr.	fr.	fr.	fr.	fr.	fr.	fr.	fr.	fr.	fr.	fr.	fr.	fr.	fr.
Servicios de mesa lisos (forma parisiense)	para 6	56	60	63	65	68	71	74	77	80	84	85	88	95	101	108	115	121	132	142	151	164	171	186	198	212	225	246	266
	— 12	74	90	95	99	103	107	114	116	121	125	132	138	137	155	165	177	180	203	219	241	251	258	288	308	330	351	381	410
	— 18	111	114	150	152	163	170	177	183	[illegible]	197	207	217	231	251	271	277	297	317	311	364	391	418	418	478	514	545	596	614
	— 24	153	167	207	216	225	234	244	253	262	271	285	299	318	337	360	384	414	432	472	501	511	578	650	662	702	755	825	855
Servicios de mesa festoneados (forma parisiense)	— 6	62	76	79	82	85	87	90	93	96	98	102	106	112	115	121	131	140	148	158	167	178	180	202	211	228	241	262	282
	— 12	95	117	122	127	130	134	139	143	148	152	159	165	171	182	194	201	217	230	246	251	258	295	315	335	357	378	411	441
	— 18	150	186	191	196	206	213	220	225	233	239	250	260	271	287	301	320	340	360	381	407	434	451	490	521	555	588	639	680
	— 24	220	257	267	270	285	291	304	313	322	331	335	349	358	397	420	443	471	490	532	564	601	638	680	722	760	815	885	955
Servicios de postre lisos (forma rosa)	— 6	19	23	24	25	27	28	29	30	31	32	35	36	38	40	43	46	50	53	57	61	66	70	76	81	87	92	101	109
	— 12	32	38	40	42	44	46	48	50	52	54	57	60	64	68	74	78	81	90	97	101	113	120	129	138	148	158	173	188
	— 18	46	51	57	60	63	66	69	71	74	77	82	86	92	98	105	112	121	129	140	150	162	173	186	199	211	228	250	272
	— 24	68	82	87	91	95	99	104	108	112	116	123	129	138	146	157	167	180	193	208	223	239	255	270	295	316	337	369	401
Servicios de postre festoneados (forma rosa)	— 6	23	28	29	30	32	33	34	35	36	37	39	41	43	45	48	51	55	58	62	66	71	75	81	86	92	97	106	114
	— 12	40	45	47	51	53	55	57	59	61	63	66	69	72	77	82	87	93	99	106	113	121	129	138	147	157	167	182	197
	— 18	57	68	71	74	77	80	83	85	88	91	95	102	106	112	119	125	135	143	151	161	170	187	200	213	228	243	264	286
	— 24	85	101	105	110	114	118	123	127	130	135	142	148	157	165	176	186	199	212	227	241	258	275	295	314	335	356	388	420
Servicios para te (forma inglesa)	— 12	15	22	24	21	25	26	27	28	29	30	32	33	35	37	40	42	45	48	52	55	59	63	68	72	77	82	90	97
	— 18	22	32	34	35	37	38	40	41	43	44	46	48	51	54	58	61	66	70	75	80	86	91	98	105	112	119	140	141
	— 24	28	42	44	46	48	50	54	53	55	57	60	63	67	71	76	80	86	91	98	105	113	120	129	137	147	156	171	185
Tocador		16	22	23	24	24.50	25	26	27	27.50	28	29	30	32	33	35	37	40	42	45	47	50	53	57	60	64	67	73	78

ZUSAMMENSTELLUNG DER DEUTSCHEN SERVICE

TAFEL SERVICE (PARISER FORM)		für 6 stücke	für 12 stücke	für 18 stücke	für 24 stücke
Flache teller	8½ pouces.	18	36	54	72
Suppen —	— —	9	15	21	30
Oval schüsseln	10 pouces.	1	2	2	2
— —	12 —	1	1	2	2
— —	14 —	1	1	1	2
— —	16 —	. .	1	1	2
— —	18 —	. .	. .	1	1
— —	20 —	. .	. .	. .	1
Fischschüssel mit gitter	24 —	. .	. .	1	. .
— —	26 —	. .	. .	. .	1
Rund schüsseln	10 —	1	1	1	2
— —	12 —	. .	. .	. .	1
Terrine oval.		. .	. .	1	1
— [illegible]		. .	1	. .	. .
— [illegible]		1	. .	. .	1
Gemüseschüssel		1	2	2	2
Saucière gedeckt.		1	1	1	2
— 1 henkeln.		1	1	1	2
Salatschüssel	10 pouces.	. .	. .	1	2
—	9 —	. .	1	. .	. .
—	8 —	1	. .	. .	. .

DESSERT SERVICE (GLATT FORM)		für 12 stücke	für 18 stücke	für 24 stücke
Teller	5½ pouces	12	18	24
Hohe compotschüssel.	8 —	2	2	2
Hohe. —	8 —	1	2	2
Schale.	8½ —	. .	. .	1

THEE SERVICE (ANKER FORM)	für 12 stücke	für 18 stücke	für 24 stücke
Theetassen und untertassen.	12	18	24
Kaffeekanne.	1	1	1
Theetopf.	1	1	1
Zuckerdose.	1	1	1
Milchguss.	1	1	1
Bol.	1	1	1

THEE UND KAFFEE SERVICE (ANKER FORM)	für 12 stücke	für 18 stücke	für 24 stücke
Frühstück tasse mit untertasse.	12	18	24
Thee — — —	12	18	24
Kaffee — — —	12	18	24
Teller 7 pouces.	12	18	24
Zweifarbige compotschüssels.	2	2	2
Kaffee kanne.	1	1	1
Theetopf.	1	1	1
Zuckerdose.	1	1	1
Milchguss.	1	1	1
Bol.	1	1	1

TOILETT GARNITUR

1 Wasser kanne.
1 — schale 15 pouces.
1 Seifen dose.
1 Bürsten dose.
1 Schwamm schale mit gitter.

PREISE PER DEUTSHEN SERVICE

		Weiss	A	AB	B	BC	C	CD	D	DE	E	EF	F	FG	G	GH	H	HI	I	IK	K	KL	L	LM	M	MN	N	NO	O
		fr.	fr.	fr.	fr.	fr.	fr.	fr.	fr.	fr.	fr.	fr.	fr.	fr.	fr.	fr.	fr.	fr.	fr.	fr.	fr.	fr.	fr.	fr.	fr.	fr.	fr.	fr.	fr.
Glatter tafel service	für 12.	77	99	104	108	113	117	122	126	131	135	142	149	158	167	179	190	204	217	231	240	258	266	301	317	330	352	405	430
	— 18.	122	150	157	163	170	177	181	190	197	204	213	223	237	250	267	283	300	323	346	382	396	423	451	483	516	571	570	649
	— 24.	189	233	243	253	263	273	283	293	303	313	328	343	363	383	408	433	491	493	528	561	603	643	688	741	783	821	906	981
Tafel service geschweifte form	— 12.	103	128	133	137	142	146	151	155	160	164	171	158	187	196	208	219	233	246	262	278	297	315	330	354	378	401	425	459
	— 18.	162	196	203	209	216	223	230	236	243	249	259	269	283	296	313	329	349	370	394	415	444	469	490	529	562	595	645	695
	— 24.	249	302	312	322	332	342	352	362	372	382	392	412	432	452	477	502	542	589	637	692	672	714	757	802	852	901	975	1052
Glattes dessert service	— 12.	14	16	17	18	19	20	21	21	22	23	25	26	28	30	32	34	37	39	43	46	50	53	57	61	66	70	77	81
	— 18.	20	23	25	26	27	28	30	31	32	33	35	37	40	43	45	49	53	57	62	66	71	76	82	88	95	101	111	121
	— 24.	27	32	34	36	38	39	42	44	45	46	49	51	55	58	63	67	73	78	84	90	97	104	112	120	129	135	150	163
Dessert service geschweifte form	— 12.	18	21	22	23	24	25	26	27	27	28	30	31	33	35	37	39	42	44	48	51	55	58	62	66	71	75	82	89
	— 18.	25	30	32	33	34	35	37	38	39	40	42	44	47	50	53	56	60	64	69	73	78	83	89	95	102	108	118	128
	— 24.	35	41	43	45	47	48	50	52	54	55	58	60	64	67	72	76	82	87	93	99	106	113	121	129	138	146	159	172
Thee service	— 12.	17	26	27	28	29	30	32	33	34	35	37	38	41	42	46	48	52	55	59	62	67	71	76	81	87	92	101	109
	— 18.	22	32	34	35	37	38	40	41	43	44	47	48	51	54	58	61	66	70	75	80	86	91	98	105	113	119	130	141
	— 24.	26	38	40	42	44	45	47	49	51	52	55	58	62	65	70	74	80	85	91	97	105	112	120	128	137	146	160	173
Thee und Kaffee service	— 12.	52	76	80	83	87	90	93	96	100	104	108	113	120	127	136	144	151	161	175	188	202	215	231	246	264	280	306	331
	— 18.	69	99	104	109	114	118	123	128	133	137	144	154	161	170	182	194	207	223	240	256	275	291	316	337	361	384	420	455
	— 24.	87	121	127	133	139	145	152	158	164	170	179	188	201	213	228	243	262	280	301	322	347	371	391	416	454	487	534	570
Toilett garnitur		15	21	22	23	24	25	25	26	27	28	30	31	33	35	37	39	42	44	48	51	55	58	62	65	71	75	82	89

SERVICES DE TABLE UNIS

PLAIN EDGE DINNER WARE — SERVICIOS DE MESA LISOS — GLATTES TAFEL SERVICE

ASSIETTES	PLATES	Porcelaine blanche	A	B	C	D	E	F	G	H	I	K	L	M	N	O	PLATOS	TELLER
		fr. c.	fr. c.	fr. c.	fr. c.	fr. c.	fr. c.	fr. c.	fr. c.	fr. c.	fr. c.	fr. c.	fr. c.	fr. c.	fr. c.	fr. c.		
Plates, 9 pouces, dz.	Flat, 9 pouces, doz.	10 »	11 50	12 90	14 30	15 70	17 10	19 20	22 »	25 50	29 50	31 60	40 20	46 50	53 50	61 »	Llanos, 9 pouces, dz.	Flach, 9 pouces, dutz.
— 8½ — —	— 8½ — —	8 50	9 75	11 »	12 15	13 35	14 55	16 35	18 75	21 75	25 35	27 55	34 35	39 75	45 75	51 75	— 8½ — —	— 8½ — —
— 8 — —	— 8 — —	7 50	8 50	9 60	10 70	11 80	12 90	14 55	16 75	19 50	22 80	26 65	31 »	36 »	41 50	49 75	— 8 — —	— 8 — —
— 7½ — —	— 7½ — —	6 75	7 75	8 75	9 75	10 75	11 75	13 25	15 25	17 75	20 75	21 25	28 25	32 75	37 75	45 25	— 7½ — —	— 7½ — —
— 7 — —	— 7 — —	6 »	7 »	7 90	8 80	9 70	10 60	11 95	13 75	16 »	18 70	21 85	25 15	29 50	34 »	40 75	— 7 — —	— 7 — —
— 6½ — —	— 6½ — —	5 »	5 75	6 55	7 35	8 15	9 »	10 15	11 75	13 75	16 15	19 »	22 15	25 75	29 75	35 75	— 6½ — —	— 6½ — —
— 6 — —	— 6 — —	4 50	5 25	6 »	6 65	7 35	8 »	9 10	10 50	12 25	14 35	16 80	19 60	22 75	26 25	31 50	— 6 — —	— 6 — —
— 5 — —	— 5 — —	2 10	2 75	3 15	3 55	4 »	4 35	5 »	5 75	6 75	8 »	9 35	11 »	12 75	14 75	17 75	— 5 — —	— 5 — —
Creuses, 9 — —	Soup, 9 — —	10 »	11 50	12 90	14 30	15 70	17 10	19 20	22 »	25 50	29 70	31 60	40 20	46 50	53 50	61 »	Huecos, 9 — —	Tiefe, 9 — —
— 8½ — —	— 8½ — —	8 50	9 75	11 »	12 15	13 35	14 55	16 35	18 75	21 75	25 35	29 55	34 35	39 75	45 75	51 75	— 8½ — —	— 8½ — —
— 8 — —	— 8 — —	7 50	8 50	9 60	10 70	11 80	12 90	14 55	16 75	19 50	22 80	26 65	31 »	36 »	41 50	49 75	— 8 — —	— 8 — —
— 7½ — —	— 7½ — —	6 75	7 75	8 75	9 75	10 75	11 75	13 25	15 25	17 75	20 75	21 45	28 25	32 75	37 75	45 25	— 7½ — —	— 7½ — —
— 6½ — —	— 6½ — —	5 »	5 75	6 55	7 35	8 15	9 »	10 15	11 75	13 75	16 15	19 »	22 15	25 75	29 75	35 75	— 6½ — —	— 6½ — —
— 5 — —	— 5 — —	3 50	4 »	4 60	5 20	5 80	6 40	7 30	8 50	10 »	11 80	13 90	16 30	19 »	22 »	26 50	— 5 — —	— 5 — —
— 4½ — —	— 4½ — —	3 10	3 50	4 »	4 60	5 15	5 70	6 55	7 65	9 »	10 65	12 60	14 80	17 25	20 »	24 15	— 4½ — —	— 4½ — —
— 4 — —	— 4 — —	2 80	3 20	3 70	4 20	4 70	5 20	6 »	7 »	8 20	9 70	11 45	13 45	15 70	18 20	22 »	— 4 — —	— 4 — —
à eau chaude, 9 — —	For hot water, 9 — —	36 »	40 »	45 50	49 »	50 50	52 »	54 25	57 25	61 »	65 50	70 75	76 75	83 50	91 »	102 »	Para agua caliente 9 — —	Für heiss wasser, 9 — —
SOUCOUPES	**SAUCERS**																**PLATILLOS**	**UNTERTASSEN**
Carrées, 5 pouces, dz.	Square, 5 pouces, doz.	3 70	4 »	4 60	5 20	5 80	6 40	7 30	8 50	10 »	11 80	13 90	16 30	19 »	22 »	26 50	Cuadras, 5 pouces, dz.	Viereckig, 5 pouces, dutz.
— 4½ — —	— 4½ — —	3 10	3 50	4 »	4 60	5 15	5 70	6 55	7 65	9 »	10 65	12 65	14 80	17 25	20 »	24 15	— 4½ — —	— 4½ — —
— 4 — —	— 4 — —	2 80	3 20	3 70	4 20	4 70	5 20	6 »	7 »	8 20	9 50	11 45	13 45	15 70	18 20	22 »	— 4 — —	— 4 — —
Beurriers, 32 lignes, dz.	Indiv. butter plates 32 l —	2 25	2 60	3 »	3 30	3 60	4 »	4 60	5 20	6 10	7 10	8 10	9 20	11 10	13 10	15 80	Cajitas 32 l —	Schälchen 32 l —
— 30 — —	— — 30 l —	2 »	2 30	2 70	3 »	3 30	3 70	4 30	4 90	5 80	6 80	8 10	9 30	11 10	12 80	15 50	— 30 l —	— 30 l —
— 28 — —	— — 28 l —	1 75	2 »	2 40	2 70	3 »	3 40	4 »	4 60	5 50	6 50	7 80	9 »	10 80	12 50	15 20	— 28 l —	— 28 l —
PLATS	**DISHES**																**FUENTES**	**SCHUSSEL**
Ronds, 10 pouces, pièce	Round, 10 pouces, each	1 25	1 50	1 65	1 80	2 »	2 20	2 40	2 65	3 »	3 15	4 »	4 50	5 25	6 »	7 15	Redondas, 10 pouces, pieza	Runde, 10 pouces, stück
— 11 — —	— 11 — —	1 75	2 »	2 20	2 40	2 60	2 80	3 10	3 50	4 »	4 50	5 30	6 10	7 »	8 »	9 50	— 11 — —	— 11 — —
— 12 — —	— 12 — —	2 50	2 90	3 15	3 40	3 65	3 90	4 30	4 85	5 40	6 15	7 »	8 »	9 15	10 40	12 30	— 12 — —	— 12 — —
— 13 — —	— 13 — —	3 »	3 70	4 00	5 20	5 50	5 80	6 25	6 85	7 60	8 50	9 55	10 75	12 10	13 60	15 85	— 13 — —	— 13 — —
— 14 — —	— 14 — —	6 »	7 »	7 50	8 »	8 50	9 »	9 75	10 75	12 »	13 50	15 25	17 25	19 50	22 »	25 75	— 14 — —	— 14 — —
Ovales, 8 — —	Oval, 8 — —	» 90	1 »	1 15	1 25	1 40	1 50	1 70	2 »	2 25	2 65	3 »	3 35	4 15	4 75	5 70	Ovaladas, 8 — —	Oval, 8 — —
— 9 — —	— 9 — —	1 »	1 15	1 30	1 45	1 60	1 75	2 »	2 30	2 65	3 10	3 65	4 25	4 90	5 65	6 80	— 9 — —	— 9 — —
— 10 — —	— 10 — —	1 25	1 45	1 65	1 85	2 »	2 25	2 55	3 »	3 45	4 »	4 75	5 55	6 45	7 45	9 »	— 10 — —	— 10 — —
— 11 — —	— 11 — —	1 50	1 75	2 »	2 25	2 50	2 75	3 15	3 65	4 25	5 »	5 90	6 90	8 »	9 25	11 15	— 11 — —	— 11 — —
— 12 — —	— 12 — —	1 75	2 »	2 30	2 60	2 90	3 20	3 65	4 25	5 »	5 90	7 »	8 15	9 50	11 »	13 25	— 12 — —	— 12 — —
— 14 — —	— 14 — —	2 75	3 25	3 65	4 »	4 45	4 85	5 15	6 25	7 25	8 45	9 85	11 45	13 25	15 25	18 25	— 14 — —	— 14 — —
— 16 — —	— 16 — —	5 »	5 75	6 25	6 75	7 25	7 75	8 70	9 50	10 75	12 25	14 »	16 »	18 25	20 75	24 50	— 16 — —	— 16 — —
— 18 — —	— 18 — —	8 »	9 25	9 85	10 45	11 »	11 65	12 55	13 75	15 25	17 »	19 15	21 55	24 25	27 25	31 75	— 18 — —	— 18 — —
— 20 — —	— 20 — —	12 »	14 »	14 80	15 60	16 30	17 20	18 90	20 »	22 »	24 40	27 20	30 40	34 »	38 »	44 »	— 20 — —	— 20 — —
Ovales à rag. 14 — —	Gravy dish, 14 — —	4 25	5 »	5 50	6 »	6 70	7 »	7 75	8 75	10 »	11 50	13 25	15 25	17 50	20 »	23 75	Cazoladas, 14 — —	Mit ribbes, 14 — —
— 16 — —	— 16 — —	7 50	8 75	9 35	10 »	10 55	11 15	14 »	14 25	11 75	16 55	18 65	21 »	23 75	26 75	31 25	— 16 — —	— 16 — —
— 18 — —	— 18 — —	11 50	13 25	14 »	14 65	15 35	16 »	17 10	18 50	20 25	22 35	24 80	27 60	30 75	34 25	39 50	— 18 — —	— 18 — —
— 20 — —	— 20 — —	16 »	18 55	19 30	20 30	21 20	22 10	23 45	25 25	27 50	30 20	33 35	37 »	41 »	45 50	52 25	— 20 — —	— 20 — —
Ovales à poiss. 19 — —	Fish, 19 — —	8 »	9 25	10 »	10 65	11 35	12 »	13 10	14 50	16 25	18 35	20 80	23 50	26 75	30 25	35 50	Pª pescada, 19 — —	Fischschussel, 19 — —
— 21 — —	— 21 — —	10 »	11 50	12 30	13 10	13 90	14 70	15 90	17 50	19 50	21 90	24 70	27 90	31 50	35 50	41 50	— 21 — —	— 21 — —
— 23 — —	— 23 — —	13 »	15 »	16 »	17 »	18 »	19 »	20 50	22 50	25 »	28 »	31 50	35 50	40 »	45 »	52 50	— 23 — —	— 23 — —
Grilles pour plats ovales 16 — —	Drainer for oval dish, 16 — —	4 »	»	»	»	»	»	»	»	»	»	»	»	»	»	»	Rejas para fuent. ovaladas 16 — —	Gitter für oval schussel 16 — —
— 18 — —	— 18 — —	5 »	»	»	»	»	»	»	»	»	»	»	»	»	»	»	— 18 — —	— 18 — —
Grilles pour plats à poiss. 19 — —	Drainer for fish dish, 19 — —	5 »	»	»	»	»	»	»	»	»	»	»	»	»	»	»	Rejas pª fuentes de pescada, 19 — —	Gitter für Fischschussel, 19 — —
— 21 — —	— 21 — —	6 50	»	»	»	»	»	»	»	»	»	»	»	»	»	»	— 21 — —	— 21 — —
— 23 — —	— 23 — —	8 50	»	»	»	»	»	»	»	»	»	»	»	»	»	»	— 23 — —	— 23 — —

SERVICES DE TABLE UNIS

PLAIN EDGE DINNER WARE — SERVICIOS DE MESA LISOS — GLATTES TAFEL SERVICE

		Porcelaine blanche.	A	B	C	D	E	F	G	H	I	K	L	M	N	O		
		fr. c.	fr. c.	fr. c.	fr. c.	fr. c.	fr. c.	fr. c.	fr. c.	fr. c.	fr. c.	fr. c.	fr. c.	fr. c.	fr. c.	fr. c.		
PLATS CREUX	**BAKERS**																**FUENTES HUECOS**	**TIEFE SCHUSSELN**
Ovales, 7 pouces, pièce.	Oval, 7 inches, each.	1 20	1 40	1 55	1 70	1 85	2 »	2 25	2 55	2 90	3 35	3 90	4 50	5 15	5 90	7 »	Ovales, 7 pulg., pieza.	Oval 7 Zoll, Stück.
— 8 — —	— 8 — —	1 50	1 75	1 95	2 15	2 35	2 55	2 85	3 25	3 75	4 35	5 »	5 85	6 75	7 75	9 25	— 8 — —	— 8 — —
— 9 — —	— 9 — —	1 80	2 10	2 35	2 60	2 85	3 10	3 50	4 »	4 60	5 35	6 25	7 25	8 35	9 60	11 50	— 9 — —	— 9 — —
— 10 — —	— 10 — —	2 10	2 30	2 70	3 »	3 30	3 60	4 »	4 65	5 40	6 30	7 35	8 55	9 90	11 40	13 65	— 10 — —	— 10 — —
PLATS A FROMAGE ET A BISCUIT	**CHEESE STANDS AND CAKE STANDS**																**FUENTES P^A QUESO Y BIZOCHO**	**SCHUSSELN FUR KASE UND FUR ZWIEBACK**
Haut, 10 pouces, pièce.	High 10 inches, each.	5 »	5 75	6 »	6 35	6 65	7 »	7 30	8 »	8 75	9 65	10 70	11 90	13 25	14 75	17 »	Altura 10 pulg., pieza.	Hoch 10 Zoll, Stück.
— 11 — —	— 11 — —	6 50	7 50	7 90	8 30	8 70	9 10	9 50	10 50	11 50	12 70	14 10	15 70	17 50	19 50	22 50	— 11 — —	— 11 — —
PLATEAUX	**STANDS**																**PLATILLOS**	**PLATEAU**
De soupière ovale, pièce.	For oval soup tureen, each.	7 »	8 »	8 50	9 »	9 75	10 »	10 35	11 55	13 »	14 50	16 25	18 25	20 50	23 »	25 75	De sopera, oval, pieza.	Für Terrine oval, Stück.
— — ronde, —	— round — —	7 »	8 »	8 40	8 80	9 20	9 60	10 20	11 »	12 »	13 20	14 60	16 20	18 »	20 »	22	— — redonda, —	— — rund, —
De légumier ovale, —	— — vegetable dish, —	4 »	4 75	5 »	5 15	5 35	5 55	5 85	6 25	6 75	7 35	8 »	8 85	9 75	10 75	12 25	De legumbrera, — —	— Gemüse-schüssel — —
GUERIDONS	**CUSTARD STANDS**																**MESITAS**	**GUERIDON**
Deux étages, pièce.	High, double stand, each.	7 »	9 25	9 65	10 »	10 45	10 85	11 35	12 25	13 25	14 15	15 85	17 15	19 25	21 25	24 25	De dos pisos, pieza.	Zwei Stufen, Stück.
— pour 6 pots, —	Oval tray for 6 custards, —	3 »	4 75	5 »	5 25	5 50	5 55	6 10	6 60	7 25	8 »	8 85	9 85	11 »	12 25	14 15	Para 6 pots, —	Für 6 Töpfe, —
— — 9 — —	— — 9 — —	6 »	8 25	8 60	9 »	9 30	9 65	10 15	10 85	11 75	12 80	14 »	15 40	17 »	18 75	21 40	— 9 — —	— 9 — —
Plat couvert, à eau chaude, —	[illegible] water [illegible] dish, —	7 75	13 »	13 60	14 20	14 80	15 50	16 20	17 50	19 »	20 50	22 90	25 50	28 »	31 »	35 50	Fuente p^a agua caliente, —	Schüssel für heiss Wasser, —

Plat creux ovale.

Plat à fromage.

Plat à biscuit.

Guéridon à deux étages.

Guéridon pour six pots.

Plat couvert à eau chaude.

SERVICES DE TABLE UNIS

PLAIN EDGE DINNER WARE — SERVICIOS DE MESA LISOS

GLATTES TAFEL SERVICE

RAVIERS	PICKLES	Porcelaine blanche	A	B	C	D	E	F	G	H	I	K	L	M	N	O	RAVERITOS	« RAVIERS »
		fr. c.	fr. c.	fr. c.	fr. c.	fr. c.	fr. c.	fr. c.	fr. c.	fr. c.	fr. c.	fr. c.	fr. c.	fr. c.	fr. c.	fr. c.		
Sèvres, n° 1 pièce	Sèvres, n° 1 each	» 70	1 10	1 25	1 40	1 55	1 70	1 90	2 25	2 60	[illegible]	3 60	4 20	4 85	5 60	6 70	Sèvres, n° 1 pieza	Sèvres, N° 1 stück
— 2 —	— 2 —	» 60	1 »	1 15	1 30	1 45	1 60	1 80	2 15	2 50	3 »	3 50	4 10	4 75	5 50	6 60	— 2 —	— 2 —
— 3 —	— 3 —	» 50	» 90	1 05	1 20	1 35	1 50	1 70	2 »	2 40	2 85	3 40	4 »	4 65	5 40	6 50	— 3 —	— 3 —
Ovide, —	Ovide, —	» 70	» 80	» 95	1 10	1 25	1 40	1 60	2 »	2 30	2 75	3 30	3 85	4 55	5 30	6 40	Ovide, —	Ovide, —
Argent, —	Silver, —	» 70	» 80	» 95	1 10	1 25	1 40	1 60	2 »	2 30	2 75	3 30	3 85	4 55	5 30	6 40	Plata, —	Silber, —
Bracelet, —	Bracelet, —	» 70	1 10	1 25	1 10	1 55	1 70	1 90	2 25	2 60	3 »	3 60	4 15	4 85	5 60	6 70	Brazalete, —	Armband, —
Parisien, extra, —	Parisian, extra, —	1 »	1 40	1 55	1 70	1 85	2 »	2 20	2 50	2 90	3 35	3 90	4 45	5 15	5 90	7 »	Parisiense, extra, —	Pariser, extra, —
— 1er —	— 1st —	» 70	» 80	» 95	1 10	1 25	1 40	1 60	2 »	2 30	2 75	3 30	3 85	4 55	5 30	6 10	— 1° —	— 1ste —
SALADIERS	**SALAD BOWLS**																**ENSALADERAS**	**SALATSCHUSSEL**
A côtes, bas, 10 pouces, pièce	Ribbed low, 10 inches, each	2 50	3 25	3 65	4 »	4 45	4 85	5 55	6 25	7 25	8 15	9 85	11 15	13 25	15 25	18 25	De costillas bajos, 10 p. pieza	Mit Rippen flach, 10 Zoll, stück
— — 9 — —	— — 9 — —	2 10	2 75	3 10	3 45	3 80	4 15	4 65	5 30	6 25	7 30	8 60	9 90	11 70	13 25	15 80	— — 9 — —	— — 9 — —
— — 8 — —	— — 8 — —	1 75	2 25	2 55	2 85	3 15	3 45	3 90	4 50	5 25	6 15	7 20	8 40	9 75	11 25	13 50	— — 8 — —	— — 8 — —
A côtes, à pied, 10 — —	— on foot 10 — —	4 »	5 »	5 40	5 80	6 20	6 60	7 20	8 »	9 »	10 20	11 70	13 20	15 »	17 »	20 »	— con pie 10 — —	— hoch, 10 — —
— — 9 — —	— — 9 — —	3 50	4 50	4 85	5 20	5 55	5 90	6 50	7 40	8 »	9 »	10 25	11 65	13 25	15 »	17 60	— — 9 — —	— — 9 — —
— — 8 — —	— — 8 — —	3 »	4 »	4 30	4 60	4 90	5 20	5 65	6 25	7 »	7 90	9 »	10 15	11 50	13 »	15 25	— — 8 — —	— — 8 — —
Uni, bas, 10 — —	Plain low, 10 — —	2 70	3 »	3 40	3 80	4 20	4 60	5 20	6 »	7 »	8 20	9 60	11 20	13 »	15 »	18 »	— lisos bajos 10 — —	Glatt flach, 10 — —
— — 9 — —	— 9 — —	2 10	2 50	2 85	3 20	3 55	3 90	4 40	5 10	6 »	7 »	8 25	9 65	11 25	13 »	15 60	— — 9 — —	— 9 — —
— — 8 — —	— 8 — —	1 75	2 »	2 30	2 60	2 90	3 20	3 65	4 25	5 »	5 90	6 95	8 15	9 50	11 »	13 25	— — 8 — —	— 8 — —
Parisien à pied, 10½ — —	Parisian on foot 10½ — —	5 »	6 25	6 75	7 25	7 75	8 25	9 »	10 »	11 25	12 75	14 50	16 50	18 75	21 25	25 »	Parisiense, con pie 10½ —	Pariser, hoch, 10½ — —
— 10 — —	— — 10 — —	4 »	5 »	5 40	5 80	6 [illegible]	[illegible]	7 [illegible]	8 »	9 »	10 20	11 70	13 20	15 »	17 »	20 »	— — 10 — —	— 10 — —
— 9 — —	— — 9 — —	3 50	4 50	4 85	5 20	[illegible]	[illegible]	[illegible]	7 [illegible]	[illegible]	[illegible]	10 25	11 65	14 25	15 »	17 60	— — 9 — —	— 9 — —
— 8 — —	— — 8 — —	3 »	4 »	4 30	[illegible]	[illegible]	[illegible]	[illegible]	6 25	7 »	7 90	9 »	10 15	11 50	13 »	15 25	— — 8 —	— 8 — —

RAVIERS

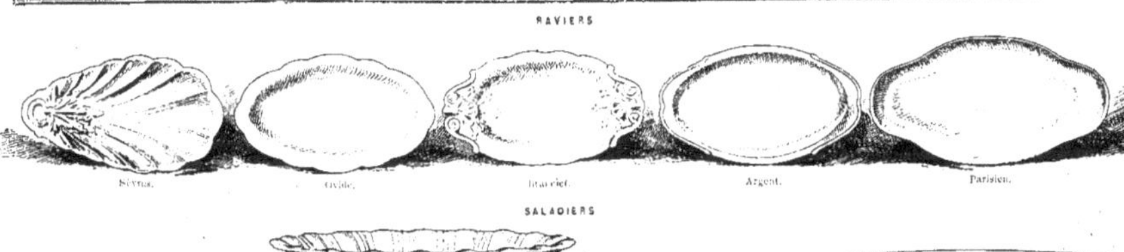

Sèvres. Ovide. Bracelet. Argent. Parisien.

SALADIERS

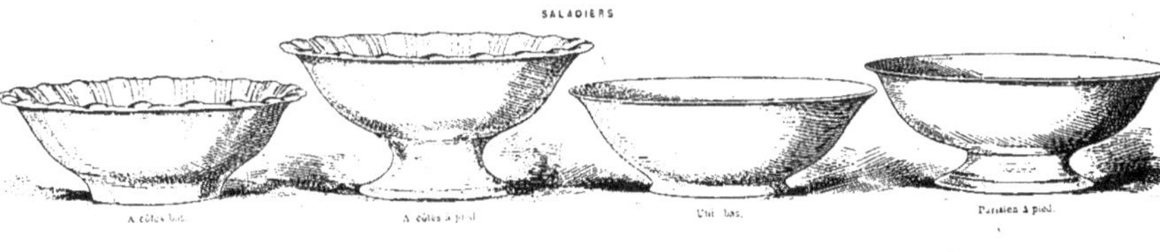

A côtes bas. A côtes à pied. Uni bas. Parisien à pied.

SERVICES DE TABLE UNIS

PLAIN EDGE DINNER WARE — SERVICIOS DE MESA LISOS

GLATTES TAFEL SERVICE

PLATS A HORS-D'ŒUVRE	« HORS-D'ŒUVRE » DISHES	Porcelaine blanche	PORCELAINES DÉCORÉES A	B	C	D	E	F	G	H	J	K	L	M	N	O	PLATILLOS PARA MANJARES LEGEROS	SCHUSSEL FUR HORS-D'ŒUVRE
		fr. c.	fr. c.	fr. c.	fr. c.	fr. c.	fr. c.	fr. c.	fr. c.	fr. c.	fr. c.	fr. c.	fr. c.	fr. c.	fr. c.	fr. c.		
Sèvres, pièce	Shell compart Sèvres, each	1 70	2 75	3 »	3 25	3 50	3 75	4 10	4 60	5 25	6	6 85	7 85	9 »	10 25	12 10	Sevres, pieza	Sèvres, stück
Bracelet, —	— — Bracelet, —	1 90	3 »	3 25	3 50	3 75	4 »	4 35	4 85	5 50	6 25	7 10	8 10	9 25	10 50	12 35	Bracelet, —	Bracelet, —
Royal, —	— — Silver, —	1 90	3 »	3 25	3 50	3 75	4 »	4 35	4 85	5 50	6 25	7 10	8 10	9 25	10 50	12 35	Plata, —	Silber, —
Feuille, 1re, —	— — leaf, 1st —	2 25	3 40	3 65	3 90	4 15	4 40	4 75	5 25	5 90	6 65	7 50	8 70	9 65	10 90	12 75	Hoja, 1a —	Blatt, 1ste —
— 2e, —	— — — 2d —	1 90	3 »	3 25	3 50	3 75	4 »	4 35	4 85	5 50	6 25	7 10	8 10	9 25	10 50	12 35	— 2a —	— 2te —
Sucre à anses, 8 pouces —	Sucker with handles 8 p. —	2 »	3 50	3 65	3 80	3 95	4 10	4 30	4 60	5 »	5 45	5 95	6 55	7 25	8 »	9 65	Asela à asas 8 pouces, —	Schiff mit henkeln 8 pouces, —
— — 5 — —	— — — 5 — —	1 »	2 25	2 35	2 45	2 55	2 65	2 80	3 »	3 25	3 55	3 90	4 30	4 75	5 25	6 »	— — 5 — —	— — 5 — —
À 2 coquilles homard, 1re —	Compart 2 shells lobster 1st —	4 25	8 25	8 75	9 25	9 75	10 25	11 »	12 »	13 25	14 75	16 50	18 50	20 75	23 25	27 »	À dos conchas langosta, 1a —	Mit 2 muscheln, 1ste —
— — — 2e —	— — — 2d —	3 50	7 »	7 40	7 80	8 20	8 60	9 20	10 »	11 »	12 20	13 60	15 20	17 »	19 »	22 »	— — — 2a —	— — — 2te —
3 — 1re —	— 3 shells 1st —	4 25	8 25	8 75	9 25	9 75	10 25	11 »	12 »	13 25	14 75	16 50	18 50	20 75	23 25	27 »	3 — 1a —	— 3 — 1ste —
— — 2e —	— — — 2d —	3 50	7 »	7 40	7 80	8 20	8 60	9 20	10 »	11 »	12 30	13 60	15 20	17 »	19 »	22 »	— — 2a —	— — — 2te —
4 — 1re —	— 4 — 1st —	4 25	8 25	8 75	9 25	9 75	10 25	11 »	12 »	13 25	14 75	16 50	18 50	20 75	23 25	27 »	4 — 1a —	— 4 — 1ste —
— — 2e —	— — — 2d —	3 50	7 »	7 40	7 80	8 20	8 60	9 20	10 »	11 »	12 20	13 60	15 20	17 »	19 »	22 »	— — 2a —	— — — 2te —
— — 3e —	— — — 3d —	1 75	3 50	3 80	4 10	4 40	4 70	5 15	5 75	6 50	7 30	8 15	9 05	11 »	12 50	14 75	— — 3a —	— — — 3te —
PLATS A PUDDING	NAPPIES OR PUDDING BAKERS																PLATOS PARA PUDDING	PUDDING-SCHUSSEL
Unis ou à dents 4 pouces, pièce	Plain or scalloped 4 inches, each	» 40	» 45	» 55	» 65	» 75	» 85	1 »	1 20	1 45	1 75	2 10	2 50	2 95	3 45	4 20	Lisos o dentados 4 pouces pieza.	Glatt oder gezahnt 4 pouces, stück.
— 5 — —	— — 5 — —	» 70	» 80	» 95	1 10	1 25	1 40	1 60	1 90	2 30	2 75	3 25	3 85	4 55	5 30	6 15	— — 5 — —	— — — 5 — —
— 6 — —	— — 6 — —	1 »	1 15	1 35	1 55	1 75	1 95	2 25	2 65	3 15	3 75	4 45	5 25	6 15	7 15	8 35	— — 6 — —	— — — 6 — —
— 7 — —	— — 7 — —	1 30	1 50	1 75	2 »	2 25	2 50	2 85	3 35	4 »	4 75	5 60	6 60	7 75	9 »	10 90	— — 7 — —	— — — 7 — —
— 8 — —	— — 8 — —	1 75	2 »	2 30	2 60	2 90	3 20	3 65	4 25	5 »	5 90	6 95	8 15	9 50	11 »	13 25	— — 8 — —	— — — 8 — —
— 9 — —	— — 9 — —	2 30	2 90	3 25	3 60	3 95	4 30	4 80	5 25	6 10	7 15	8 65	10 05	11 65	13 40	14 45	— — 9 — —	— — — 9 — —
— 10 — —	— — 10 — —	3 25	3 75	4 15	4 55	4 95	5 45	5 95	6 75	7 75	8 95	10 35	11 95	13 75	15 75	18 75	— — 10 — —	— — — 10 — —
Sucre à anses 6 — —	Sucker with handles 6 p. —	1 60	3 »	3 20	3 40	3 60	3 80	4 10	4 50	5 »	5 60	6 90	7 10	8 »	9 »	10 50	Asela à asas 6 pouces, —	Schiff mit henkeln 6 pouces, —
— — 7 — —	— — — 7 — —	1 85	3 50	3 75	4 »	4 25	4 50	4 85	5 35	6 »	6 75	7 60	8 60	9 75	11 »	12 90	— — 7 — —	— — — 7 — —
— — 8 — —	— — — 8 — —	2 25	4 »	4 30	4 60	4 90	5 20	5 65	6 25	7 »	7 90	8 95	10 15	11 50	13 »	15 25	— — 8 — —	— — — 8 — —

Plat à hors-d'œuvre Sèvres.

Plat à pudding à dents.

Plat à hors-d'œuvre bracelet.

Plat à deux coquilles, homard.

Plat à pudding, uni.

Plat à hors-d'œuvre feuille.

Plat à hors-d'œuvre, sucre à anses.

Plat à hors-d'œuvre, quatre coquilles.

Plat à pudding, sucre à anses.

SERVICES DE TABLE UNIS

PLAIN EDGE DINNER WARE — SERVICIOS DE MESA LISOS

GLATTES TAFEL SERVICE

				Porcelaine blanche	PORCELAINES DÉCORÉES																	
					A	B	C	D	E	F	G	H	I	K	L	M	N	O				
				fr. c.	fr. c.	fr. c.	fr. c.	fr. c.	fr. c.	fr. c.	fr. c.	fr. c.	fr. c.	fr. c.	fr. c.	fr. c.	fr. c.	fr. c.				
Affiloirs,	pièce.	Knife sharpeners,	each.	» 75	...	...	...	...	...	...	...	...	...	...	...	...	...	...	Afiladeras,	pieza.	Schleifer,	Stück.
Assiettes à huîtres 4 coq.,	douz.	Oyster plates 4 shells,	doz.	18 »	...	...	...	...	...	...	...	...	...	...	...	...	...	...	Platos p.a ostras 4 conchas,	doc.	Austern teller 4 Muscheln,	Dtz.
— — 6 —	—	— — 6 —	—	18 »	...	...	...	...	...	...	...	...	...	...	...	...	...	...	— — 6 —	—	— 6 —	—
Coquetiers unis,	—	Egg cups plain,	—	1 25	1 50	1 00	2 30	2 50	3 10	3 50	4 50	5 50	6 70	8 10	9 70	11 50	13 50	16 50	Hueveras lisas,	—	Eierbecher glatt,	—
— 3 boules,	—	— — 3 feet,	—	1 50	6 »	6 50	7 »	7 50	8 »	8 75	9 75	11 »	12 50	14 25	16 25	18 50	21 »	24 75	— con 3 bolas,	—	— 3 Kugeln,	—
— américains,	—	— — american,	—	3 50	4 »	4 60	5 20	5 80	6 10	7 30	8 50	10 »	11 80	13 90	16 30	19 »	23 »	26 50	— americanas,	—	— amerikanisch,	—
COQUILLES A GLACE		**ICE BREAMS**																	**PLATILLOS PARA SORBETES**		**EIS SCHALEN**	
Feston 4 pouces,	douz.	Festoon 4 inches,	doz.	4 »	6 »	6 50	7 »	7 50	8 »	8 75	9 75	11 »	12 50	14 25	16 25	18 50	21 »	24 75	Festoneados 4 pulgas,	doc.	Geschweift 4 Zoll,	Dtz.
— 4½ —	—	— 4½ —	—	4 50	6 75	7 30	7 85	8 40	9 »	9 75	10 90	12 25	14 00	15 85	18 »	20 50	23 25	27 50	— 4½ —	—	— 4½ —	—
— 5 —	—	— 5 —	—	5 »	7 50	8 10	8 70	9 30	9 90	10 80	12 »	13 50	15 30	17 40	19 80	22 50	25 50	30 »	— 5 —	—	— 5 —	—
Coquille,	—	Shell,	—	4 »	7 »	7 50	8 »	8 50	9 »	9 75	10 75	12 »	13 50	15 25	17 25	19 50	22 »	25 75	Concha,	—	Muschel,	—
Feuille,	—	Leaf,	—	4 50	8 »	8 60	9 20	9 80	10 40	11 30	12 50	14 »	15 80	17 90	20 30	23 »	26 »	30 50	Hoja,	—	Blatt,	—
Rubis,	—	Ruby,	—	4 50	8 »	8 60	9 20	9 80	10 40	11 30	12 50	14 »	15 80	17 90	20 30	23 »	26 »	30 50	Rubi,	—	Rubin,	—
MOUTARDIERS		**MUSTARDS**																	**MOSTACEROS**		**SENFTOPF**	
Baril à anses,	pièce.	Barrel handled,	each.	» 45	» 60	» 70	» 80	» 90	1 »	1 15	1 35	1 60	1 90	2 25	2 65	3 10	3 90	4 35	Barril con asa,	pieza.	Fass mit Henkel,	Stück.
— sur plateau,	—	— on stand,	—	» 80	1 »	1 15	1 30	1 45	1 60	1 85	2 15	2 50	3 »	3 50	4 10	4 75	5 50	6 65	— — platillo,	—	— mit plateau,	—
Côtelé ovale,	—	Cable oval,	—	» 85	2 »	2 20	2 40	2 60	2 80	3 10	3 50	4 »	4 60	5 30	6 10	7 »	8 »	9 50	Cable ovalado,	—	Kabel oval,	—
Cuiller à moutarde,	—	Mustard spoon,	—	» 15	...	...	...	...	...	...	...	...	...	...	...	...	...	...	Cuchara p.a mostaza,	—	Senf Löffel,	—
Porte-couteau,	—	Knife rest,	—	» 30	...	...	...	...	...	...	...	...	...	...	...	...	...	...	Porta-[illegible],	—	Messer Träger,	—
Pot à crème, œuf,	douz.	Custard [illegible], egg,	doz.	2 50	4 50	5 10	5 50	6 50	6 90	7 80	9 »	10 70	12 30	13 50	16 80	19 50	22 50	27 »	Jarrita p.a cremas,	doc.	Rahmtopf,	Dtz.
Salière, 2 coquilles,	pièce.	Salt 2 shells,	each.	» 55	1 50	1 60	1 70	1 80	2 »	2 10	2 25	2 50	2 80	3 15	3 55	4 »	4 50	5 25	Salero 2 conchas,	pieza.	Salz Fass 2 Muschel,	Stück.

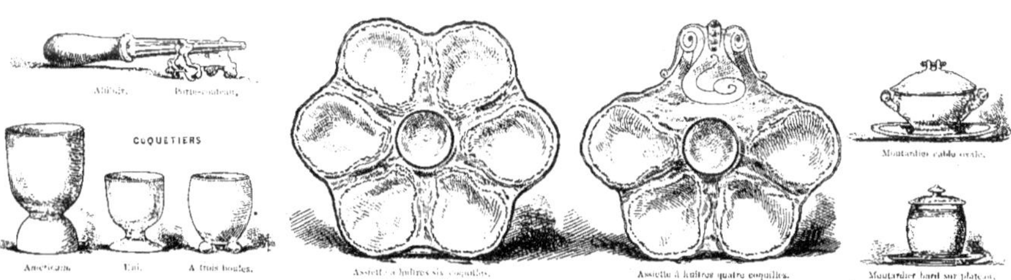

Affiloir. Porte-couteau.

COQUETIERS

Américain. Uni. A trois boules.

Assiette à huîtres six coquilles. Assiette à huîtres quatre coquilles.

Moutardier cable ovale. Moutardier baril sur plateau.

COQUILLES A GLACE

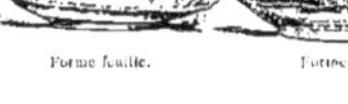

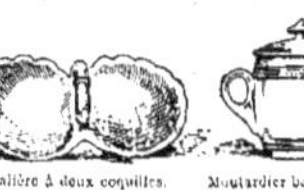

Forme coquille. Forme feuille. Forme rubis. Pot à crème forme œuf. Salière à deux coquilles. Moutardier baril à anses.

SERVICES DE TABLE UNIS

FLAIN EDGE DINNER WARE — SERVICIOS DE MESA LISOS — GLATTES TAFEL SERVICE

FORME CABLE	CABLE SHAPE	Porcelaine blanche. fr. c.	A fr. c.	B fr. c.	C fr. c.	D fr. c.	E fr. c.	F fr. c.	G fr. c.	H fr. c.	J fr. c.	K fr. c.	L fr. c.	M fr. c.	N fr. c.	O fr. c.	FORMA CABLE	KABEL FORM
			PORCELAINES DÉCORÉES															
Soupières ovales, nº 1 pièce	Oval soup tureen, nº 1 each	9 25	15 70	16 10	16 70	17 30	17 90	18 80	20 »	21 70	22 30	25 40	27 80	30 50	33 50	38 »	Sopera oval, nº 1 pieza	Terrine oval nº 1 stück
— — 2 —	— — 2 —	8 50	14 25	14 85	15 45	16 »	16 65	17 55	18 75	20 25	22 »	24 15	26 75	29 25	32 25	36 75	— — 2 —	— — 2 —
— — 3 —	— — 3 —	7 75	13 »	13 60	14 20	14 80	15 40	16 30	17 50	19 »	20 80	22 90	25 40	28 »	31 »	35 50	— — 3 —	— — 3 —
Soupières rondes nº 1 —	Round soup tureen, nº 1 —	7 75	12 »	12 50	13 »	13 50	14 »	14 75	15 75	17 »	18 50	20 25	22 25	24 50	27 »	30 75	Sopera redonda, nº 1 —	Terrine rund nº 1 —
— — 2 —	— — 2 —	7 »	11 »	11 45	11 90	12 35	12 80	13 50	14 30	15 50	16 85	18 45	20 25	22 25	24 50	27 90	— — 2 —	— — 2 —
— — 3 —	— — 3 —	6 25	10 »	10 40	10 80	11 20	11 60	12 20	13 »	14 »	15 20	16 60	18 20	20 »	22 »	25 »	— — 3 —	— — 3 —
Légumier ovale, nº 1 —	Oval covered dish, nº 1 —	4 »	7 75	8 20	8 65	9 10	9 55	10 25	11 15	12 25	13 60	15 20	17 »	19 »	21 25	24 65	Legumbrera oval nº 1 —	Gemüseschüssel oval nº 1 —
— — 2 —	— — 2 —	3 75	7 25	7 65	8 »	8 45	8 85	9 45	10 25	11 25	12 45	13 85	15 45	17 25	19 25	22 25	— — 2 —	— — 2 —
— — 3 —	— — 3 —	3 50	6 75	7 15	7 55	8 »	8 35	9 »	9 75	10 75	12 »	13 35	15 »	16 75	18 75	21 75	— — 3 —	— — 3 —
— — 4 —	— — 4 —	3 25	6 25	6 60	7 »	7 30	7 65	8 45	8 10	9 75	10 80	12 »	13 45	15 »	16 75	19 50	— — 4 —	— — 4 —
— — 5 —	— — 5 —	3 »	5 75	6 10	6 45	6 80	7 15	7 70	8 40	9 25	10 30	11 55	13 »	14 50	16 25	18 90	— — 5 —	— — 5 —
— — 6 —	— — 6 —	2 50	5 25	5 60	6 »	6 30	6 65	7 20	7 90	8 75	9 80	11 »	12 45	14 »	15 75	18 10	— — 6 —	— — 6 —
Légumier rond, nº 1 —	Round covered dish, nº 1 —	3 75	6 25	6 55	6 85	7 15	7 45	7 90	8 50	9 25	10 15	11 20	12 40	13 75	15 25	17 50	Legumbrera redonda nº 1 —	Gemüseschüssel rund nº 1 —
— — 2 —	— — 2 —	3 50	5 75	6 »	6 35	6 65	7 »	7 40	8 »	8 75	9 65	10 70	11 90	13 25	14 75	17 »	— — 2 —	— — 2 —
— anglais —	english — —	5 50	8 50	8 80	9 10	9 40	9 70	10 15	10 75	11 50	12 40	13 15	14 65	16 »	17 50	19 75	— inglesa —	— englisch —
Saucières ovales plates —	oval sauce tureen and std. —	3 75	7 75	8 15	8 55	9 »	9 35	10 »	10 75	11 75	13 »	14 35	16 »	17 75	19 75	22 75	Salseras ovaladas cubiertas —	Saucière oval gedeckt mit plat. —
— rondes — —	round — — —	3 75	6 »	6 40	6 80	7 20	7 60	8 20	9 »	10 »	11 20	12 60	14 20	16 »	18 »	21 »	— redondas — —	— rund — — —
— à 1 anse, pl. adh. —	Sauce boats 1 handle & std. —	2 60	3 80	4 20	4 60	5 »	5 40	6 »	6 80	7 80	9 »	10 40	12 »	13 80	15 80	18 80	— de 1 asa, pl. adh. —	— 1 henkel — —
— à 2 — — —	— 2 — —	2 90	4 60	5 »	5 10	5 80	6 20	6 20	7 60	8 60	9 80	11 20	12 80	14 60	16 60	19 60	— 2 — — —	— 2 — — —
Beurrier à grille. —	Butter and drainer. —	2 40	3 25	3 45	3 65	3 85	4 »	4 35	4 75	5 25	5 85	6 55	7 35	8 25	9 25	10 75	Mantequera con reja. —	Butterschüssel mit Gitter. —
— sur plateau. —	— on stand. —	1 90	2 50	2 70	2 90	3 10	3 20	3 60	4 »	4 50	5 10	5 80	6 60	7 50	8 50	10 »	— con platillo. —	— auf plateau. —
Pot à crème (contrôl.) —	Covered custard. —	» 45	1 »	1 10	1 20	1 30	1 40	1 55	1 75	2 »	2 30	2 65	3 »	3 50	4 »	4 75	Jarrito para cremas —	Rahmtopf mit Deckel. —
Moutardier ovale. —	Oval mustard. —	» 65	2 »	2 20	2 40	2 60	2 60	3 10	3 50	4 »	4 60	5 30	6 10	7 »	8 »	9 50	Mostacera ovalada —	Senftopf oval. —
Assiette couverte, 1½ pce —	Covered plate for muffins 1½ p. —	3 25	5 »	5 20	5 40	5 60	5 80	6 10	6 50	7 »	7 60	8 40	9 10	10 »	11 »	12 50	Plato cubierto 1½ pieza —	Gedeckte Teller 1½ pièces, —

DÉCOR BLUETS SEMÉS

Sans filet au bord de l'assiette; nº 2360; tarif E pour services unis; tarif F pour services à festons
Avec fil couleur — — 2361 — F G — — G — —

Avec frise couleur au bord de l'assiette; nº 2362; tarif I K pour services unis; tarif K pour services à festons
Avec bord or. — 2511 — G H — — H — —

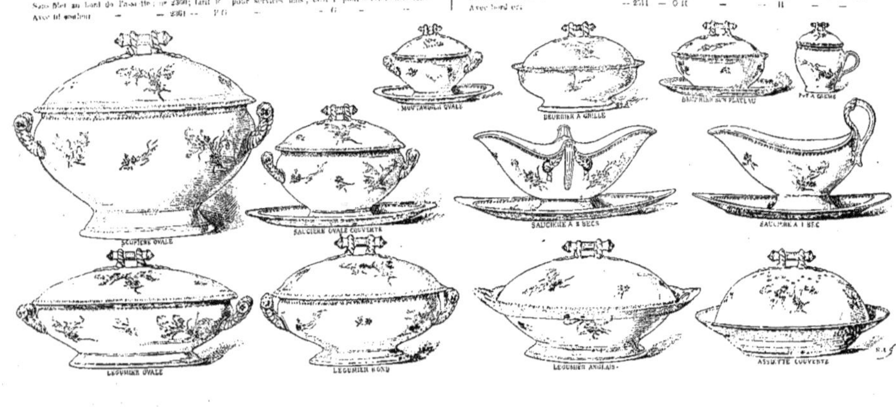

SERVICES DE TABLE UNIS

PLAIN EDGE DINNER WARE — SERVICIOS DE MESA LISOS

GLATTES TAFEL SERVICE

FORME OVIDE	OVIDE SHAPE	Porcelaine blanche	PORCELAINES DÉCORÉES A	B	C	D	E	F	G	H	I	K	L	M	N	O	FORMA OVIDE	OVIDE FORM
		fr. c.	fr. c.	fr. c.	fr. c.	fr. c.	fr. c.	fr. c.	fr. c.	fr. c.	fr. c.	fr. c.	fr. c.	fr. c.	fr. c.	fr. c.		
Soupière ovale, nº 2 pièce	Oval soup tureen, nº 2 each	8 50	14 25	14 85	15 15	16 »	16 65	17 35	18 75	20 25	22 »	24 15	26 55	29 25	32 25	36 75	Sopera oval, nº 2 pieza	Terrine oval nº 2 Stück
Légumier — nº 2 —	— covered dish nº 2 —	3 75	7 25	7 65	8 »	8 45	8 85	9 45	10 25	11 25	12 15	13 85	15 45	17 25	19 25	22 25	Legumbrera — nº 2 —	Gemüseschüssel — nº 2 —
— — nº 3 —	— — nº 3 —	3 50	6 75	7 15	7 55	8 »	8 55	9 »	9 75	10 75	12 »	13 85	15 »	16 75	18 75	21 75	— — nº 3 —	— — nº 3 —
— rond nº 1 —	Round, — nº 1 —	3 75	6 25	6 55	6 85	7 15	7 15	7 90	8 50	9 25	10 15	11 20	12 40	13 75	15 25	17 50	— redonda nº 1 —	— rund, nº 1 —
— — nº 2 —	— — nº 2 —	3 50	5 75	6 »	6 35	6 65	7 »	7 10	8 »	8 75	9 65	10 70	11 90	13 25	14 75	17 »	— — nº 2 —	— — nº 2 —
Saucière, ovale couverte, —	Oval sauce-tureen & std. —	3 75	7 75	8 15	8 55	9 »	9 35	10 »	10 75	11 75	13 »	14 35	16 »	17 75	19 75	22 75	Salsera oval cubta y plat —	Sauciere oval gedeckt m. plat. —
— à 1 anse plat. adh. —	Sauce boat 1 handle — —	2 60	3 80	4 20	4 60	5 »	5 40	6 »	6 80	7 80	9 »	10 40	12 »	14 80	15 80	18 80	— 1 asa pl. adp —	— 1 henkel — —
— à 2 — — —	— 2 — — —	2 90	4 60	5 »	5 40	5 80	6 20	6 80	7 60	8 60	9 80	11 20	12 80	14 60	16 60	19 60	— 2 — — —	— 2 — — —
Beurrier à grille, —	Butter and drainer, —	2 40	3 25	3 45	3 65	3 85	4 »	4 35	4 75	5 25	5 85	6 55	7 35	8 25	9 25	10 75	Mantequera con reja, —	Butterschüsselchen m. gitter —

DÉCOR BUISSON JAPONAIS

Avec filets or et couleur au bord de l'assiette, numéro 2138; tarif H I pour services unis; tarif I K pour services à festons

SERVICES DE TABLE UNIS

PLAIN EDGE DINNER WARE — SERVICIOS DE MESA LISOS

GLATTES TAFEL SERVICE

FORME ANCRE		ANCHOR SHAPE		Porcelaine blanche.	PORCELAINES DÉCORÉES															FORMA ANCLA		ANKER FORM	
					A	B	C	D	E	F	G	H	I	K	L	M	N	O					
				fr. c.	fr. c.	fr. c.	fr. c.	fr. c.	fr. c.	fr. c.	fr. c.	fr. c.	fr. c.	fr. c.	fr. c.	fr. c.	fr. c.	fr. c.					
Soupière ovale	p. re	Oval soup-tureen,	each.	8 50	14 25	11 85	15 15	19 »	16 65	17 55	18 75	20 25	22 »	24 15	26 55	29 25	32 25	37 75	Sopera oval,	pieza.	Terrine oval,	stück
Légumier —	—	— vegetable dish,	—	3 75	7 25	7 65	8 »	8 15	8 85	9 15	10 25	11 25	12 75	13 85	15 45	17 25	19 25	22 25	Legumbrera oval,	—	Gemüseschüssel, —	—
— rond,	—	Round — —	—	3 75	6 25	6 55	6 85	7 15	7 15	7 60	8 50	9 25	10 15	11 20	12 90	13 75	15 25	17 50	— redonda,	—	— rund	—
Saucière ovale, cle,	—	Oval sauce-tureen & std.	—	3 75	7 75	8 15	8 55	9 »	9 [illegible]	10 »	10 55	11 55	13 »	14 35	16 »	17 75	19 75	22 75	Salsera oval, cubie y plat.	—	Sauciere oval gedeckt m. plat	—
— à 2 becs plat. fd.	—	Sauce-boat 2 handles —	—	2 90	4 60	5 »	5 30	5 80	6 20	6 80	7 60	8 60	9 80	11 20	12 80	14 60	16 60	19 60	— 2 asa, —	—	— 2 Henkel, —	—
Beurrier à anse,	—	Butter and drainer,	—	3 25	5 »	5 90	5 60	5 90	6 20	6 65	7 25	8 »	8 95	10 »	11 15	12 50	14 »	16 25	Mantequera con asa,	—	[illegible] m. [illegible],	—
Plat creux, à anse, 6 p.	—	Handled baker 6 pouces,	—	1 70	3 »	3 20	3 30	3 60	3 90	4 10	4 50	5 »	5 60	6 20	7 10	8 »	9 »	10 50	Fuente honda con asa 6 p.	—	Tiefe schüssel mit henkeln 6 p.	—
— — 7 p.	—	— — 7 —		1 85	3 20	3 75	[illegible]	[illegible]	[illegible]	[illegible]	[illegible]	6 »	6 75	7 60	8 60	9 75	11 »	12 90	— — — 7 p.	—	— — — 7 p.	—
— — 8 p.	—	— — 8 —	—	2 25	4 »	4 30	4 60	4 95	5 20	5 65	6 25	7 »	7 80	9 »	10 15	11 50	13 »	15 25	— — — 8 p.	—	— — — 8 p.	—

DÉCOR FLEURS ET OISEAUX JETÉS

Sans filet au bord de l'assiette, n° 2531 ; tarif F pour services unis ; tarif F pour services à festons
Un fil couleur — — 2535 — F G — — G — —

Deux fils couleur au bord de l'assiette, n° 2536 ; tarif G pr services unis ; tarif G H pr services à festons
Un fil couleur ombré grisaille, — 2359 — G — — G H —

Bord or, n° 2537 ; tarif G H pour services unis ; tarif H pour services à festons.

Beurrier à Grille

Plat à Pudding à Anses

Soupière Ovale

Saucière à 2 Becs

Saucière ovale Couverte

Légumier Ovale

Assiette

Légumier Rond

SERVICES DE TABLE UNIS

PLAIN EDGE DINNER WARE — SERVICIOS DE MESA LISOS

GLATTES TAFEL SERVICE

FORME PARISIENNE	PARISIAN SHAPE	Porcelaine blanche.	PORCELAINES DÉCORÉES A	B	C	D	E	F	G	H	I	K	L	M	N	O	FORMA PARISIENSE	PARISER FORM
		fr. c.	fr. c.	fr. c.	fr. c.	fr. c.	fr. c.	fr. c.	fr. c.	fr. c.	fr. c.	fr. c.	fr. c.	fr. c.	fr. c.	fr. c.		
Soupière ronde, extra, pièce	Soup tureen, extra, each	10 »	11 50	15 10	15 75	16 50	[illegible]	17 8[illegible]	[illegible]	20 50	22 50	24 50	26 80	29 50	32 75	37 »	Sopera redonda, extra, pieza	Terrine rund, extra, stück
— — n° 1 —	— — 1er —	8 »	12 25	12 75	13 25	13 75	14 25	15 »	16 »	17 25	18 75	20 »	23 50	24 75	27 25	31 »	— — 1a, —	— 1ste, —
— — n° 2 —	— — 2e —	7 »	11 »	11 45	11 90	12 35	12 80	13 50	14 20	15 70	16 85	18 15	20 25	22 25	24 50	27 90	— — 2a, —	— 2te, —
Légumier rond, —	— vegetable dish, —	1 »	6 50	6 80	7 10	7 45	7 70	8 15	8 75	9 70	10 20	11 15	12 65	14 »	15 50	17 75	Legumbrera redonda, —	Gemüseschüssel rund, —
Saucière ronde couverte, —	Sauce-tureen & stand, —	4 »	6 50	6 90	7 30	7 70	8 10	8 70	9 50	10 50	11 70	13 10	14 70	16 50	18 50	21 50	Salsera redonda cubierta, —	Sauciere rund bedeckt, mit plat, —
— à 2 becs, plateau tenant —	Sauce-boat 2 handle fast. std. —	5 »	7 »	7 40	7 80	8 20	8 60	9 20	10 »	11	12 20	13 60	15 20	17 »	19 »	22 »	— 2 asa, 1 plat, —	— 2 henkel — —
— 1 — — [illegible] —	— 1 — — —	4 »	5 75	6 15	6 55	7 »	7 35	8 »	8 75	9 75	11 »	12 35	14 »	15 75	17 75	20 75	— 1 — — —	— 1 — — —
Beurrier à grille s. plat, —	Butter & dr. on stand, —	1 »	6 50	6 80	7 10	7 40	7 70	8 15	8 75	9 50	10 40	11 45	12 65	14 »	15 50	17 75	Mantequera con rejs, —	Butterschusselchen mit gitter, —

DÉCOR BORDURE ARABESQUE GRISAILLE

Avec bord grisaille, numéro 2361; services unis, tarif G; services festons, tarif H I — Avec bord or, numéro 2363; services unis, tarif H; services festons, tarif I K

Saucière ronde couverte. — Soupière ronde. — Beurrier. — Saucière à deux becs. — Ravier. — Assiette. — Légumier rond. — Saladier.

SERVICES DE TABLE A FESTONS

CUT EDGE DINNER WARE — SERVICIOS DE MESA FESTONEADOS

TAFEL SERVICE GESCHWEIFTE FORM

ASSIETTES	PLATES	Porcelaine blanche	A	B	C	D	E	F	G	H	I	K	L	M	N	O	PLATOS	TELLER
		fr. c.	fr. c.	fr. c.	fr. c.	fr. c.	fr. c.	fr. c.	fr. c.	fr. c.	fr. c.	fr. c.	fr. c.	fr. c.	fr. c.	fr. c.		
Plates, 9 pouces, douz.	Flat, 9 pouces, doz.	13 »	17 50	18 90	20 30	21 80	23 10	25 20	28 »	31 50	35 70	40 60	46 20	52 50	59 50	70 »	Llanos 9 pulgadas, doc.	Flatt 9 Zoll, Dtz.
— 8½ — —	— 8½ — —	12 »	13 75	15 »	16 15	17 35	18 55	20 35	22 75	25 75	29 35	33 55	38 35	43 15	49 75	58 75	— 8½ — —	— 8½ — —
— 8 — —	— 8 — —	10 »	11 50	12 60	13 70	14 80	15 50	17 55	19 75	22 50	25 80	29 65	31 »	39 »	41 50	52 75	— 8 — —	— 8 — —
— 7½ — —	— 7½ — —	9 »	10 50	11 50	12 50	13 70	14 50	16 »	18 »	20 50	23 50	27 »	31 »	35 50	40 50	48 »	— 7½ — —	— 7½ — —
— 6½ — —	— 6½ — —	8 »	9 25	10 »	10 85	11 65	12 45	13 65	15 25	17 25	19 65	22 15	25 65	29 25	33 25	39 25	— 6½ — —	— 6½ — —
— 3 — —	— 3 — —	3 50	4 »	4 30	4 80	5 20	5 65	6 20	7 »	8 »	9 20	10 60	12 20	14 »	16 »	19 »	— 3 — —	— 4 — —
Creuses, 9 — —	Deep, 9 — —	13 »	17 50	18 90	20 30	21 70	23 10	25 20	28 »	31 50	35 70	40 60	46 20	52 50	59 50	70 »	Hueros, 9 — —	Tiefe 9 — —
— 8½ — —	— 8½ — —	12 »	13 75	15 »	16 15	17 35	18 55	20 35	22 75	25 75	29 35	33 55	38 35	43 75	49 75	58 75	— 8½ — —	— 8½ — —
— 8 — —	— 8 — —	10 »	11 50	12 60	13 70	14 80	15 50	17 55	19 75	22 50	25 80	29 65	31 »	39 »	41 50	52 75	— 8 — —	— 8 — —
— 6½ — —	— 6½ — —	8 »	9 25	10 05	10 85	11 65	12 45	13 65	15 25	17 25	19 65	22 15	25 65	29 25	33 25	39 25	— 6½ — —	— 6½ — —
— 4½ — —	— 4½ — —	4 50	5 25	5 80	6 35	6 90	7 35	8 25	9 35	10 75	12 10	11 30	16 30	19 »	21 75	25 90	— 4½ — —	— 4½ — —
Pl. minces à 8½ — —	Flat thin 8½ — —	30 »	35 »	36 25	37 50	38 75	40 »	44 »	44 »	47 »	51 »	55 »	60 »	65 »	71 »	80 »	Llanos delgados 8½ — —	Flat dünn 8½ — —
— 8 — —	— — 8 — —	25 »	29 »	30 »	31 25	32 50	33 75	35 »	37 50	40 »	43 50	47 »	52 »	57 »	62 »	70 »	— — 8 — —	— — 8 — —
— 7½ — —	— — 7½ — —	20 »	23 »	24 »	25 »	26 »	27 »	28 50	30 50	33 »	35 »	39 50	43 50	48 »	53 »	60 »	— — 7½ — —	— — 7½ — —
Cr. minces 8½ — —	Deep — 8½ — —	30 »	35 »	36 25	37 50	38 75	40 »	44 »	44 »	47 »	51 »	55 »	60 »	65 »	71 »	80 »	Hueros — 8½ — —	Tiefe — 8½ — —
PLATS	**DISHES**																**FUENTES**	**SCHUSSEL**
Ronds, 10 pouces, pièce.	Round, 10 pouces, each.	1 75	2 »	2 15	2 30	2 45	2 60	2 80	3 10	3 50	4 »	4 45	5 »	5 75	6 50	7 35	Redondas 10 pulgadas, pieza.	Runde 10 Zoll, Stück.
— 11 — —	— 11 — —	2 50	3 »	3 20	3 40	3 60	3 80	4 10	4 50	5 »	5 70	6 30	7 10	8 »	9 »	10 50	— 11 — —	— 11 — —
— 12 — —	— 12 — —	3 50	4 »	4 25	4 50	4 75	5 »	5 35	5 85	6 50	7 25	8 10	9 10	10 25	11 50	13 10	— 12 — —	— 12 — —
— 14 — —	— 13 — —	5 »	5 75	6 »	6 25	6 65	7 »	7 50	8 »	8 75	9 65	10 70	11 90	13 25	14 75	17 »	— 13 — —	— 13 — —
— 15 — —	— 14 — —	7 »	8 »	8 50	9 »	9 50	10 »	10 75	11 75	13 »	14 50	16 25	18 25	20 50	23 »	25 75	— 14 — —	— 15 — —
Ovales, 10 — —	Oval, 10 — —	1 75	2 »	2 20	2 40	2 65	2 80	3 10	3 75	4 »	4 60	5 30	6 10	7 »	8 »	9 50	Ovaladas 10 pulgadas, —	Oval 10 Zoll, —
— 12 — —	— 12 — —	2 25	2 75	3 »	3 25	3 65	4 »	4 40	5 »	5 55	6 45	7 50	8 50	10 25	11 75	14 »	— 12 — —	— 12 — —
— 14 — —	— 14 — —	4 »	4 60	5 »	5 40	5 80	6 20	6 80	7 60	8 40	9 80	11 20	12 80	14 60	16 60	19 60	— 14 — —	— 14 — —
— 16 — —	— 16 — —	7 »	8 »	8 50	9 »	9 50	10 »	10 75	11 75	13 »	14 50	16 25	18 25	20 50	23 »	26 75	— 16 — —	— 16 — —
— 18 — —	— 18 — —	11 »	12 25	13 25	14 »	14 75	15 15	16 »	17 25	18 75	20 55	22 65	25 »	27 75	30 75	35 25	— 18 — —	— 18 — —
— 20 — —	— 20 — —	16 »	18 50	19 50	20 10	20 90	21 70	22 60	24 50	25 50	28 10	31 70	34 80	38 50	42 50	48 50	— 20 — —	— 20 — —
à rigoles 20 — —	Gravy dish 20 — —	21 »	24 »	24 80	25 80	26 70	27 60	29 »	30 75	33 »	35 70	38 85	42 15	46 50	51 »	57 75	Canaladas 20 — —	Mit Rinnen 20 Zoll, —
à poisson 21 — —	fish — 21 — —	13 »	15 »	15 80	16 60	17 30	18 20	19 40	21 »	23 »	25 10	28 20	31 10	35 »	39 »	45 »	Id. pescado 21 — —	Fisch- 21 — —
25 — —	— — 25 — —	16 »	18 50	19 50	20 50	21 50	22 50	24 »	26 »	28 50	31 50	35 »	39 »	43 50	48 50	56 »	— 25 — —	— 25 — —
creux ovl. 9 — —	oval baker, 9 — —	2 25	2 75	3 »	3 25	3 50	3 75	4 10	4 60	5 25	6 »	6 85	7 85	9 »	10 25	12 15	Hueros oval 9 — —	Tief oval 9 — —
SALADIERS	**SALAD BOWLS**																**ENSALADERAS**	**SALATSCHUSSEL**
Saladier 10½ pouces, pièce.	Salad bowl 10½ pouces, each.	6 »	7 50	8 »	8 50	9 »	9 70	10 25	11 25	12 50	14 »	15 75	17 75	20 »	22 50	26 2	Ensaladera 10½ pulgadas, pieza.	Salatschüssel 10½ Zoll, Stück.
— 10 — —	— 10 — —	5 »	6 25	6 65	7 »	7 45	7 85	8 45	9 25	10 25	11 45	12 85	14 45	16 25	18 25	21 25	— 10 — —	— 10 — —
— 9 — —	— 9 — —	4 50	5 50	5 85	6 20	6 55	6 90	7 40	8 10	9 »	10 »	11 25	12 65	14 25	16 »	18 65	— 9 — —	— 9 — —
— 8 — —	— 8 — —	4 »	5 »	5 30	5 60	5 90	6 20	6 65	7 25	8 »	8 95	10 »	11 15	12 50	14 »	16 25	— 8 — —	— 8 — —
RAVIERS	**PICKLES**																**RAREVITOS**	**RAVIERS**
Ravier extra, pièce.	Extra size, each.	1 »	1 30	1 55	1 70	1 85	2 »	2 20	2 50	2 90	3 25	3 85	4 45	5 15	5 90	7 »	Extra, pieza.	Raviers, extra, Stück.
— n° 1, —	1st — —	» 70	» 80	» 95	1 10	1 25	1 40	1 60	1 90	2 30	2 75	3 25	3 85	4 55	5 30	6 25	n° 1. —	— n° 1 —
GUÉRIDONS	**STANDS**																**MESITAS**	**OVAL TISCHE**
Pour 6 plats, pièce.	Oval for 6 salads, each.	3 »	4 75	5 »	5 25	5 50	5 75	6 10	6 60	7 25	8 »	8 85	9 85	11 »	12 25	14 15	Para 6 platos, pieza.	Für 6 Teller, Stück.
— 9 — —	— 9 — —	6 »	8 25	8 60	8 95	9 30	9 65	10 15	10 85	11 75	12 80	14 »	15 30	17 »	18 75	21 »	— 9 —	9 — —

SERVICES DE TABLE A FESTONS

CUT EDGE DINNER WARE — SERVICIOS DE MESA FESTONEADOS

TAFEL SERVICE GESCHWEIFTE FORM

FORME PARISIENNE	PARISIAN SHAPE	Porcelaine blanche	A	B	C	D	E	F	G	H	I	K	L	M	N	O	FORMA PARISIENSE	PARISER FORM
		fr. c.	fr. c.	fr. c.	fr. c.	fr. c.	fr. c.	fr. c.	fr. c.	fr. c.	fr. c.	fr. c.	fr. c.	fr. c.	fr. c.	fr. c.		
Soupière ronde, extra, pièce.	Round soup tureen extra, each.	12 »	17 »	17 60	18 20	18 80	19 40	20 30	21 50	23 »	24 80	26 90	29 10	32 »	35 »	39 50	Sopera redonda, extra, pieza.	Terrine rund extra, stück.
— — nº 1 —	— — 1st, —	10 »	14 50	15 »	15 50	16 »	16 50	17 25	18 25	19 50	21 »	22 75	24 75	27 »	29 50	33 25	— — 1ª, —	— — 1te, —
— — nº 2 —	— — 2d, —	8 50	12 50	13 »	13 40	13 85	14 30	15 »	15 85	17 »	18 25	19 90	21 70	23 75	26 »	29 10	— — 2ª, —	— — 2te, —
Plateau de soupière, —	Stand for soup tureen, —	8 »	9 25	9 65	10 »	10 45	10 85	11 45	12 25	13 25	14 45	15 85	17 15	19 25	21 25	21 25	Platillo, —	Plateau, —
Légumier rond, —	Round vegetable dish, —	5 »	7 75	8 »	8 35	8 65	9 »	9 40	10 »	10 75	11 65	12 70	13 90	15 25	16 75	19 »	Legumbrera redonda, —	Gemüseschüssel rund, —
Plateau de légumier, —	Stand for — — —	4 50	5 75	6 »	6 15	6 35	6 55	6 85	7 25	7 75	8 35	9 »	9 85	10 75	11 75	13 25	Platillo, —	Plateau, —
Saucière ronde couverte —	Round sauce-tureen & std. —	5 »	7 50	7 90	8 30	8 70	9 10	9 70	10 50	11 50	12 70	14 10	15 70	17 50	19 50	22 50	Salsera redonda cubierta, —	Saucière rund gedeckt m. plat., —
— à 2 becs, plat. att. ext. —	Sauce boat 2 handles & st. ext. —	5 »	7 »	7 40	7 80	8 20	8 60	9 20	10 »	11 »	12 20	13 00	15 20	17 »	19 »	22 »	— 2 asas y plat. extra, —	— 2 henkel m. plat. extra, —
— — — — 1re —	— 2 — — 1st —	4 »	5 75	6 15	6 55	7 »	7 35	8 »	8 75	9 75	11 »	12 35	14 »	15 75	17 75	20 75	— 2 — — 1ª, —	— 2 — — 1te, —
Beurrier à grille et plat, —	Butter & drainer on stand, —	5 »	7 50	7 80	8 10	8 40	8 70	9 15	9 75	10 50	11 40	12 45	13 65	15 »	16 50	18 75	Mantequero con reja, —	Butterschüsselchen mit gitter, —

(Columns A–O: PORCELAINES DÉCORÉES)

DÉCOR FOINS ET PAPILLONS.

Sans filet au bord, nº 2000; tarif F C pour services unis; tarif F G pour services à festons. Avec un fil couleur au bord, nº 2518; tarif G pour services unis; tarif G H pour services à festons.
Avec bord or, nº 1113; tarif H pour services unis; tarif H I pour services à festons.

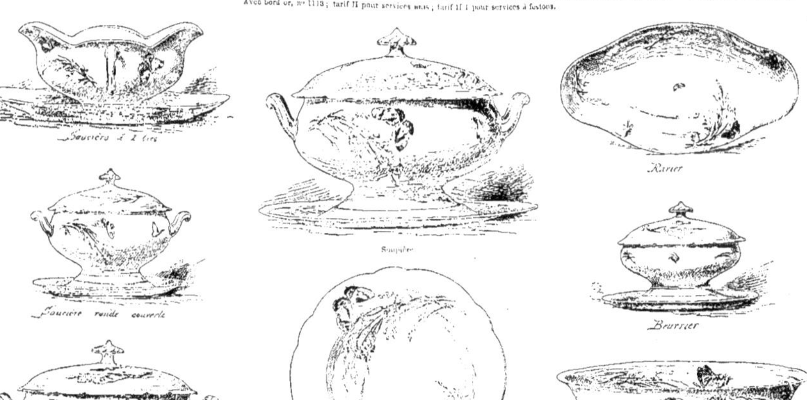

Saucière à 2 becs

Soupière

Ravier

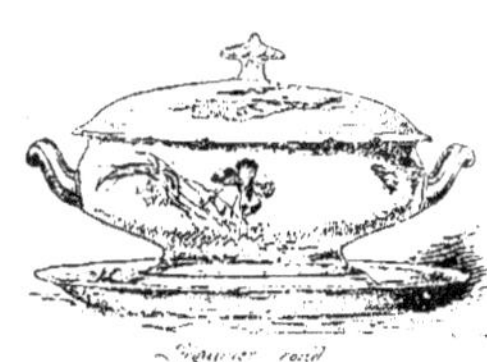

Saucière ronde couverte

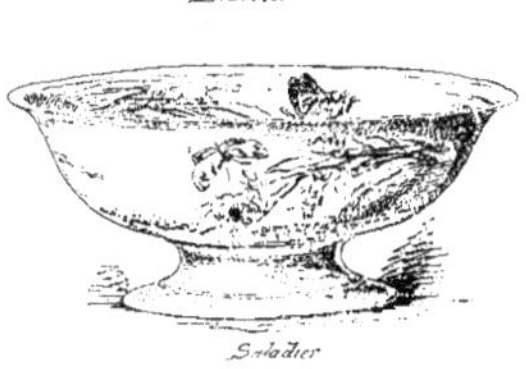

Beurrier

Légumier rond

Assiette

Saladier

SERVICES DE TABLE A FESTONS

CUT EDGE DINNER WARE — SERVICIOS DE MESA FESTONEADOS — TAFEL SERVICE GESCHWEIFTE FORM

FORME SAXE		SAXON SHAPE		Porcelaine blanche	A	B	C	D	E	F	G	H	I	K	L	M	N	O	FORMA SAJONA		SACHSISCHE FORM	
				fr. c.	fr. c.	fr. c.	fr. c.	fr. c.	fr. c.	fr. c.	fr. c.	fr. c.	fr. c.	fr. c.	fr. c.	fr. c.	fr. c.	fr. c.				
Soupière ronde,	pièce.	Round soup-tureen,	each.	15 »	22 50	23 10	23 70	24 20	24 60	25 80	27 »	28 50	30 30	32 20	34 80	37 50	40 50	45 »	Sopera redonda,	pieza.	Terrine rund,	stuck
Plateau,	—	stand for —	—	10 »	11 50	11 90	12 30	12 70	14 10	13 50	14 50	15 50	16 50	18 10	19 70	21 50	24 50	26 50	Platillo, —	—	Plateau,	—
Légumier rond	—	Round vegetable dish	—	7 50	13 25	13 55	13 85	14 15	14 15	14 50	15 15	16 25	17 15	18 20	19 10	20 75	22 25	24 70	Legumbrera —	—	Gemüseschüssel,	—
Plateau,	—	stand for —	—	6 »	7 »	7 20	7 40	7 60	7 80	8 10	8 50	9 »	9 60	10 30	11 10	12 »	13 »	14 50	Platillo, —	—	Plateau,	—
Saucière ronde couv.	—	Round sauce-tureen & std.	—	7 50	13 25	13 65	14 05	14 15	14 85	15 45	16 25	17 25	18 45	19 85	21 15	23 25	25 25	28 25	Salsera cubierta y plat,	—	Sauciere rund gedeckt m. plat,	—
— à 2 becs et pl.	—	Sauce-boat, 2 handles —	—	6 »	11 »	11 40	11 80	12 20	12 60	13 20	14 »	15 »	16 20	17 60	19 20	21 »	23 »	26 »	— 2 asa —	—	— 2 Henkel —	—
Beurrier à grille,	—	Round butter & dr.,	—	5 »	9 75	10 »	10 15	10 35	10 55	10 85	11 25	11 75	12 35	13 »	13 85	14 75	15 75	17 25	Mantequera con rejilla,	—	Butterschüsselchen mit gitter,	—
Saladier,	—	Salad bowl,	—	7 50	11 25	11 65	12 »	12 45	12 85	14 15	14 25	15 25	16 15	17 85	19 15	21 25	23 25	26 25	Ensaladera,	—	Salatschüssel,	—
Ravier,	—	Pickle,	—	1 25	1 75	1 90	2 05	2 20	2 35	2 55	2 85	3 25	3 70	4 20	4 80	5 50	6 25	7 10	Ravierita,	—	Ravier,	—

DÉCOR FLEURS SAXE

Fleurs camaïeux (gris, rose ou bleu)

sans filet au bord de l'assiette,	no 2111;	services unis,	tarif G H;	services à festons,	tarif G H
un filet couleur	— 2113	—	— H	—	H I
deux fils couleur	— 2561	—	— H	—	I
bord or,	— 2110	—	— H I	—	I
bord or dentelé	— 2565	—	— K L	—	L

Fleurs coloriées

sans filet au bord de l'assiette,	no 2371;	services unis,	tarif H I;	services à festons,	tarif H I
un fil couleur	— 2389	—	— I	—	— I K
deux fils —	— 2530	—	— I	—	— K
Bord or,	— 2512	—	— I K	—	— K
Bord or dentelé,	— 2365	—	— L	—	— L M

Assiette.

Soupière.

Saucière à deux becs.

Ravier.

Légumier rond.

Saucière couverte.

Beurrier.

Saladier.

SERVICES DE TABLE A FESTONS

CUT EDGE DINNER WARE — SERVICIOS DE MESA FESTONEADOS

TAFEL SERVICE GESCHWEIFTE FORM

FORME NÉNUPHAR		WATERLILLY SHAPE		Porcelaine blanche	PORCELAINES DÉCORÉES A	B	C	D	E	F	G	H	I	K	L	M	N	O	FORMA NENUFAR		SEEROSE FORM	
				fr. c.	fr. c.	fr. c.	fr. c.	fr. c.	fr. c.	fr. c.	fr. c.	fr. c.	fr. c.	fr. c.	fr. c.	fr. c.	fr. c.	fr. c.				
Soupière ovale,	pièce	Oval soup-tureen,	each	18 »	28 »	28 30	29 60	30 10	31 25	32 10	34 »	36 »	38 50	41 20	44 40	48 »	52 »	58 »	Sopera oval,	pieza	Terrine oval,	Stück
Plateau,	—	Stand for, —	—	10 »	11 50	12 10	12 70	13 30	14 00	14 85	16 »	17 50	19 30	21 30	23 85	26 50	29 50	31 »	Platillo,	—	Plateau,	—
Légumier ovale,	—	Oval vegetable dish,	—	7 50	13 75	14 25	14 75	17 25	15 75	16 50	17 50	18 75	20 25	22 »	24 »	26 25	28 75	32 50	Legumbrera oval,	—	Gemüse-schüssel,	—
Plateau,	—	Stand for — —	—	6 »	7 »	7 20	7 60	7 80	8 20	8 65	9 25	10 »	10 80	12 »	13 15	14 50	16 »	18 25	Platillo,	—	Plateau,	—
Saucière ovale, couv[te]	—	Oval sauce-tureen, & st.	—	7 50	13 75	14 25	14 75	15 25	15 75	16 50	17 50	18 75	20 25	22 »	24 »	26 25	28 75	32 50	Salsera cubierta y plat.	—	Sauciere oval gedeckt mit plat.	—
— à 2 anses (pl. att.)	—	Sauce-boat 2 handles —	—	7 50	11 »	11 50	12 »	12 50	13 »	13 75	14 75	16 »	17 50	19 25	21 25	23 50	26 »	29 75	— 2 asa. —	—	— 2 henkel —	—
Beurrier ovale,	—	Butter & drainer,	—	3 50	8 »	8 30	8 60	8 90	9 20	9 65	10 25	11 »	11 80	13 »	14 15	15 50	17 »	19 25	Mantequera oval con rejo,	—	Butterschüsselchen mit gitter	—

DÉCOR PLANTES MARINES

Sans filet au bord de l'assiette, numéro 2332 ; tarif L pour services unis ; tarif L pour services à festons. — Bord or, numéro 2393 ; tarif M pour services unis ; tarif M pour services à festons.
Bord or dentelé, numéro 2365 ; tarif N pour services unis ; tarif N O pour services à festons.

SERVICES A DESSERT UNIS

PLAIN EDGE DESSERT WARE — SERVICIOS DE PASTRE LISOS — GLATTES DESSERT SERVICE

FORME SÈVRES	SEVRES SHAPE	Porcelaine blanche. fr. c.	A fr. c.	B fr. c.	C fr. c.	D fr. c.	E fr. c.	F fr. c.	G fr. c.	H fr. c.	I fr. c.	K fr. c.	L fr. c.	M fr. c.	N fr. c.	O fr. c.	FORMA SEVRES	SEVRES FORM
			PORCELAINES DÉCORÉES															
Assiettes unies, 7½ pouc. dz.	Plates 7½ pouce, doz.	6 75	7 75	8 75	9 75	10 75	11 75	13 25	15 25	17 75	20 75	21 25	28 25	32 75	37 75	43 25	Platos 7½ p. doc.	Teller 7½ p. dtz.
Petits fours, 8 pouces, pièce.	Bonbon stand, 8 — each.	1 25	1 50	1 65	1 80	1 95	2 10	2 30	2 60	3 »	3 45	3 95	4 35	5 25	6 »	7 15	Pastelillo 8 — pieza.	Petits fours, 8 — Stück.
Compotier bas, 8 — —	Low comports, 8 — —	1 50	1 75	1 95	2 15	2 35	2 55	2 85	3 25	3 75	4 35	5 05	5 85	6 75	7 75	9 25	Compotera, baja 8 — —	Niedere Compotschussel, 8 — —
— haut, 8 — —	High, — 8 — —	2 25	2 60	2 85	3 10	3 35	3 60	4 »	4 45	5 10	5 85	6 70	7 70	8 85	10 10	12 »	— alta 8 — —	Hohe, — 8 — —
Jatte, 8½ — —	Strawberry — 8½ — —	3 »	3 50	3 80	4 10	4 40	4 70	5 15	5 75	6 50	7 40	8 45	9 65	11 »	12 50	14 75	Frutera, 8½ — —	Schale, 8½ — —
Sucrier ovale, — —	Oval sugardish, —	3 75	5 25	5 65	6 05	6 45	6 85	7 15	8 25	9 45	10 45	11 85	13 45	15 25	17 25	20 25	Azucarero oval, —	Zuckerdose —

DÉCOR NUMÉRO 2378

Tarif F G pour services unis; tarif G H pour services à festons.

Assiettes.

Jatte. Compotier bas. Sucrier ovale. Assiette à *petits fours*. Compotier haut.

SERVICES A DESSERT UNIS

PLAIN EDGE DESSERT WARE — SERVICIOS DE PASTRE LISOS — GLATTES DESSERT SERVICE

FORME ANGLAISE	ENGLISH SHAPE	Porcelaine blanche	PORCELAINES DÉCORÉES A	B	C	D	E	F	G	H	I	K	L	M	N	O	FORMA INGLESA	ENGLISCHE FORM
		fr. c.	fr. c.	fr. c.	fr. c.	fr. c.	fr. c.	fr. c.	fr. c.	fr. c.	fr. c.	fr. c.	fr. c.	fr. c.	fr. c.	fr. c.		
Assiettes anglaises, 8 p. dz.	Plates, 8 p. doz.	7 50	8 50	9 80	10 70	11 80	12 90	14 55	16 75	19 50	22 80	26 65	31 »	36 »	41 50	49 75	Platos ingleses, 8 p. dz.	Teller, 8 p. dtz.
Petits-fours 8 p. pièce	Bonbon stands, 8 p. each	1 25	1 50	1 65	1 80	1 95	2 10	2 30	2 60	3 »	3 45	3 95	4 55	5 25	6 »	7 15	Pastelito, 8 p. pieza	« Petits-fours » 8 p. Stuck
Compotier bas, 8 p. —	Low comports 8 p. —	2 25	2 60	2 80	3 »	3 20	3 40	3 70	4 10	4 60	5 20	5 90	6 70	7 60	8 60	10 10	Compoteras bajas, 8 p. —	Niedere Kompottschüssel 8 p. —
— haut, 8 p. —	High, — 8 p. —	2 75	3 25	3 50	3 75	4 »	4 25	4 60	5 10	5 75	6 50	7 35	8 35	9 50	10 75	12 65	— altas, 8 p. —	Hohe — 8 p. —
Jatte, 8½ p. —	Strawberry, — 8½ p. —	4 »	4 60	4 90	5 20	5 50	5 80	6 25	6 85	7 60	8 50	9 55	10 75	12 10	13 60	15 85	Barlera, 8½ p. —	Schale, 8½ p. —
Sucrier ovale, —	Oval sugardish, —	3 75	5 25	5 65	6 »	6 45	6 85	7 45	8 25	9 25	10 45	11 85	13 45	15 25	17 25	20 25	Azucarero oval, —	Zuckerdose, —

DÉCOR NUMÉRO 4044-147

Services unis; tarif K plus 0,75 c. pour chaque fleur au centre des assiettes.

Assiettes

Sucrier ovale — Compotier bas — Compotier haut — Jatte

SERVICES A DESSERT UNIS

PLAIN EDGE DESSERT WARE — SERVICIOS DE PASTRE LISOS

GIATTES DESSERT SERVICE

FORME COUPE	COUPE SHAPE	Porcelaine blanche.	PORCELAINES DÉCORÉES														FORMA COPA	COUPE FORM
			A	B	C	D	E	F	G	H	I	K	L	M	N	O		
		fr. c.	fr. c.	fr. c.	fr. c.	fr. c.	fr. c.	fr. c.	fr. c.	fr. c.	fr. c.	fr. c.	fr. c.	fr. c.	fr. c.	fr. c.		
Assiette anglaise 8 pouces douz.	English plates, 8 pouces doz.	7 50	8 50	9 65	10 70	11 80	13 90	14 55	16 75	19 50	22 80	26 05	31 »	36 »	41 50	49 75	Platos ingleses 8 pouces doc.	Teller 8 p dtz.
Petits fours, 8 p. pièce,	Bonbon stands, 8 — each.	1 25	1 50	1 65	1 80	1 95	2 10	2 30	2 65	3 »	3 45	3 95	4 55	5 25	6 »	7 15	Tacitas, 8 p pieza.	« Petits fours » 8 p stück.
Compotier bas, 8 p. —	Low comports, 8 — —	2 25	2 75	3 »	3 25	3 50	3 75	4 10	4 60	5 25	6 »	6 85	7 85	9 »	10 25	12 15	Compotera baja 8 p —	Niedere compotschussel 8 p —
— haut, 8 p. —	High — 8 — —	2 75	3 25	3 55	3 85	4 15	4 45	4 90	5 50	6 25	7 15	8 20	9 10	10 75	12 25	14 50	— alta 8 p —	Hohe — 8 p —
Jatte, 8 1/2 —	Strawberry bowl 8 1/2 — —	4 »	4 60	5 »	5 30	5 80	6 20	6 80	7 60	8 60	9 85	11 20	12 80	14 60	16 60	19 60	Barlera, 8 1/2 p —	Schale — 8 1/2 p —
Sucrier ovale, —	Oval sugardish, —	4 75	5 25	5 65	6 05	6 45	6 85	7 55	8 25	9 25	10 15	11 85	13 15	15 25	17 25	20 25	Azucarero oval, —	Zuckerdose, —

DÉCOR NUMÉRO 2403

Tarif L pour services unis ; tarif M pour services à festons.

Assiettes.

Compotier haut. — Assiette à petits fours. — Sucrier ovale. — Compotier bas. — Jatte.

SERVICES A DESSERT UNIS

PLAIN EDGE DESSERT WARE — SERVICIOS DE PASTRE LISOS

GLATTES DESSERT SERVICE

FORME JAPONAISE	JAPANESE SHAPE	Porcelaine blanche	A	B	C	D	E	F	G	H	I	K	L	M	N	O	FORMA JAPONESA	JAPONISCHE FORM
		fr. c.	fr. c.	fr. c.	fr. c.	fr. c.	fr. c.	fr. c.	fr. c.	fr. c.	fr. c.	fr. c.	fr. c.	fr. c.	fr. c.	fr. c.		
Assiettes, coupe 6 p. dz.	Coupe plates, 6 p. doz.	15 »	17 50	18 60	19 70	20 80	21 90	23 70	25 75	28 50	31 10	35 65	41 »	47 »	53 50	58 75	Platos copa, 6 p. doc.	Teller, coupe, 6 p. Dtz.
Petits fours, 6 p. pièce.	Bonbon stand, 6 p. each.	1 25	1 50	1 65	1 80	1 95	2 10	2 20	2 60	3 »	3 15	3 25	4 55	5 25	6 »	7 15	Pastelitos, 6 p. pieza.	Petits fours, 6 p. Stk.
Compotier bas, 6 p. —	Low compot 6 p. —	2 50	3 »	3 25	3 50	3 75	4 »	4 35	4 85	5 50	6 25	7 10	8 10	9 25	10 50	12 [illegible]	Compoteras baja, 6 p. —	Niedere Compotschüssel, 6 p. —
— haut, 6 p. —	High — 6 p. —	5 »	6 »	6 30	6 60	6 90	7 20	7 60	8 25	9 »	9 90	10 95	12 15	13 50	15 »	17 25	— alta, 6 p. —	Hohe, — 6 p. —
Jatte, 8½ p. —	Strawberry bowl, 8½ p. —	7 25	8 50	8 90	9 30	9 70	10 10	10 70	11 70	12 50	13 70	15 10	16 70	18 50	20 50	23 50	Fortera, 8½ p. —	Schale, 8½ p. —
Sucrier ovale, —	Oval sugardish, —	3 75	[illegible]	[illegible]	6 05	[illegible]	6 85	7 15	8 25	9 25	[illegible]	11 85	[illegible]	15 25	17 25	20 25	Azucarero oval, —	Zuckerdose, —

DÉCOR NUMÉRO 2250

tarif K pour services unis; tarif K L pour services à festons

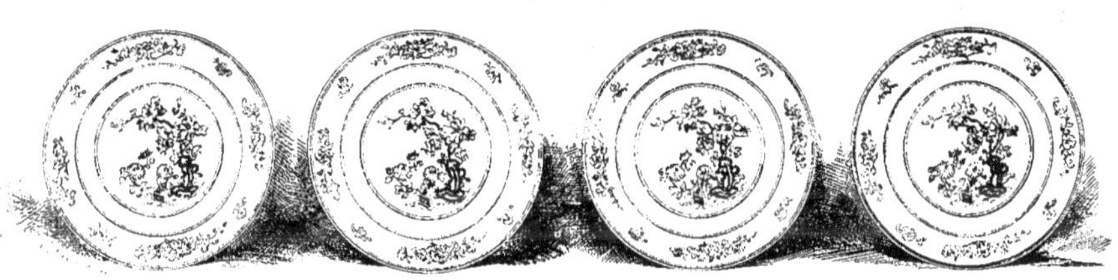

Assiettes.

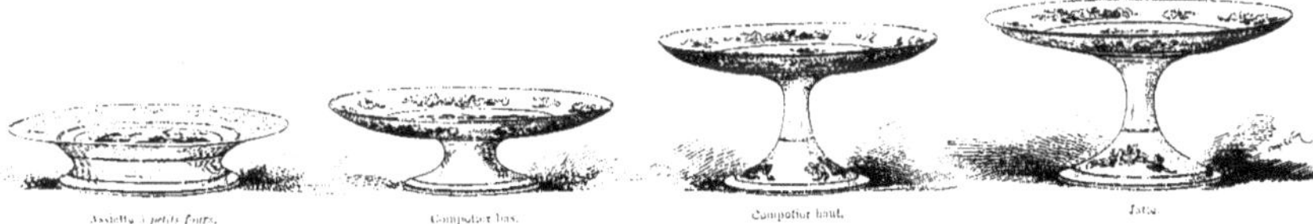

Assiette à petits fours. — Compotier bas. — Compotier haut. — Jatte.

SERVICES A DESSERT UNIS

PLAIN EDGE DESSERT WARE — SEVICIOS DE PASTRE LISOS

GLATTES DESSERT SERVICE

ASSIETTES COUPE	COUPE PLATES	Porcelaine blanche. fr. c.	A fr. c.	B fr. c.	C fr. c.	D fr. c.	E fr. c.	F fr. c.	G fr. c.	H fr. c.	I fr. c.	K fr. c.	L fr. c.	M fr. c.	N fr. c.	O fr. c.	PLATOS ([illegible])	TELLER ([illegible])
			PORCELAINES DÉCORÉES															
Plates, 9 pouces, dz.	Flat, 9 pouces, doz.	20 »	23 —	24 10	25 80	27 20	28 60	30 70	33 50	37 »	41 20	46 10	51 70	58 »	65 »	75 50	Llanos, 9 pugadas, doc.	Flach, 9 Zoll, dutz.
— 8 — —	— 8 — —	15 »	17 50	18 70	19 90	21 10	22 30	24 10	26 70	29 50	33 10	37 90	42 10	47 50	53 50	62 50	— 8 — —	— 8 — —
— 7½ — —	— 7½ — —	13 »	15 »	16 10	17 20	18 20	19 30	21 —	24 25	26 »	29 30	33 15	37 75	42 50	48 »	56 25	— 7½ — —	— 7½ — —
— 6½ — —	— 6½ — —	9 »	10 50	11 10	12 30	13 20	14 10	15 50	17 25	19 50	22 20	25 35	29 »	33 »	37 50	41 25	— 6½ — —	— 6½ — —
Plates, minces, 8 — —	Thin plates, 8 — —	30 »	35 »	36 20	37 40	38 60	39 80	41 60	45 »	47 »	50 60	51 80	59 60	65 »	71 »	80 »	Llanos delgados, 8 — —	Flach dünn, 8 — —
— — 7½ — —	— 7½ — —	24 »	28 »	29 10	30 20	31 30	32 10	34 —	36 45	39 —	42 30	46 15	50 55	55 50	61 »	69 25	— 7½ — —	— 7½ — —
— — 6½ — —	— 6½ — —	18 »	21 »	21 90	22 80	23 70	24 60	26 —	27 75	30 »	32 70	35 85	39 45	43 50	48 »	54 75	— 6½ — —	— 6½ — —

12 FAUX FORTES COLORIÉES PAR F. BRAQUEMOND.

Sur assiettes coupe ou festons 8 p. avec filet or, 144 fr. les 12. — Sur assiettes coupe ou festons 8 p. minces avec bord dentelé or, 168 fr. les 12.

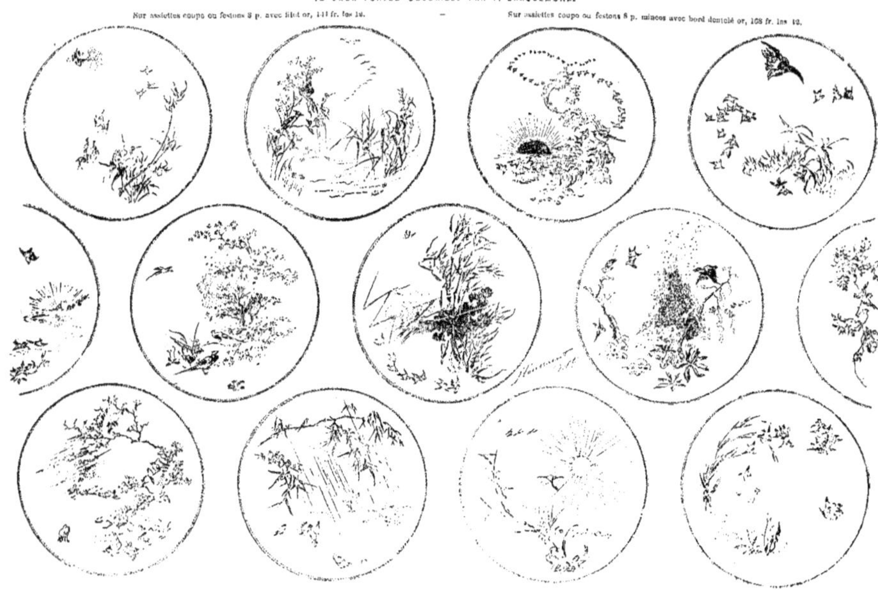

12 FLEURS ET 12 FRUITS PAR PALLANDRE. — 12 FLEURS ET OISEAUX PAR BELLET.

Grand modèle, 2 fr. 50 la pièce ; modèle moyen, 1 fr. 75 la pièce (en plus du prix des assiettes).

DÉCOR NUMÉRO 2394

Tarif K L pour services unis ; tarif L M pour services à festons (prix des fleurs en plus).

DÉCOR NUMÉRO 2395

Tarif N pour services unis ; tarif N O pour services à festons (prix des fleurs en plus).

DÉCOR NUMÉRO 2396

Tarif L pour services unis ; tarif M pour services à festons (prix des fleurs et oiseaux en plus).

SERVICES A DESSERT A FESTONS

CUT EDGE DESSERT WARE — SERVICIOS DE PASTRE FESTONEADOS

DESSERT SERVICE GESCHWEIFTE FORM

FORME COUPE	COUPE SHAPE	Porcelaine blanche. fr. c.	A fr. c.	B fr. c.	C fr. c.	D fr. c.	E fr. c.	F fr. c.	G fr. c.	H fr. c.	I fr. c.	K fr. c.	L fr. c.	M fr. c.	N fr. c.	O fr. c.	FORMA CUPA	COUPE FORM
			PORCELAINES DÉCORÉES															
Assiettes, 8 pouces, dz.	Plates cut-edge, 8 p. doz.	10 »	11 50	12 60	13 70	14 80	15 95	17 55	19 35	22 50	25 80	29 65	31 »	39 »	41 50	52 75	Platos, 8 p. doc.	Teller, 8 p. Dtz.
Petits-fours, 8 — pièce.	Bonbon stands, 8 p. each.	1 50	1 75	1 90	2 05	2 20	2 35	2 55	2 85	3 25	3 90	4 25	4 80	5 50	6 95	7 40	Pastelito, 8 p. pieza.	f. Petits-fours 8 p. stück
Compotiers bas, 8 — —	Low compotiers, 8 p. —	2 75	3 25	3 50	3 75	4 »	4 25	4 55	5 10	5 75	6 50	7 35	8 45	9 50	10 75	12 05	Compoteras bajas, 8 p. —	Niedere Compotschüssel, 8 p. —
— hauts 8 — —	High — 8 p. —	3 25	3 75	4 »	4 35	4 65	5 »	5 40	6 »	6 75	7 65	8 70	9 90	11 25	12 75	15 »	— altas, 8 p. —	Hohe — 8 p. —
Jatte, 8½ — —	Strawberry bowl, 8½ p. —	5 »	5 75	6 15	6 55	7 »	7 35	8 »	8 75	9 75	11 »	12 25	14 »	15 75	17 75	20 75	[illegible], 8½ p. —	Schale, 8½ p. —
Sucrier, ovale, —	Oval sugardish, —	4 25	6 »	6 30	6 80	7 20	7 60	8 20	9 »	10 »	11 20	12 60	14 20	16 »	18 »	21 »	Azucarera oval, —	Zuckerdose, —

DÉCOR ROSES EFFEUILLÉES

Sans filet au bord de l'assiette, numéro 2380; tarif F pour services unis; tarif F pour services à festons.
Un fil couleur — 2382 F G — G — .

Deux fils couleur au bord de l'assiette, numéro 2381; tarif G pour services unis; tarif G H pr services à festons.
Bord or — 2381 G H — — H —

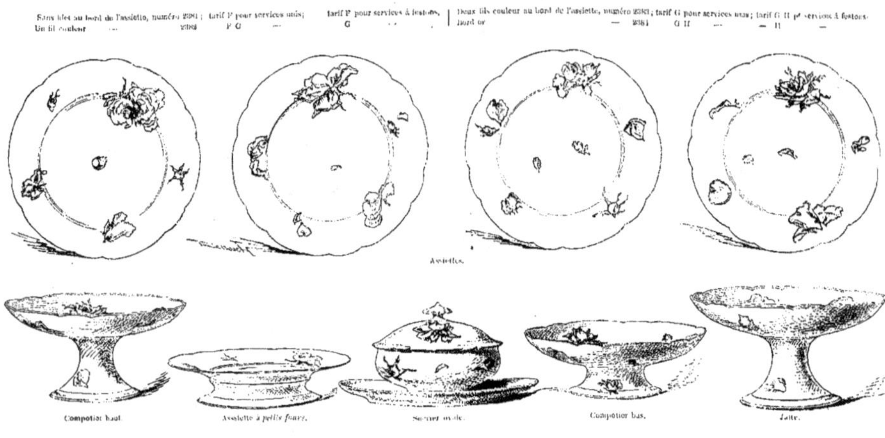

Assiettes.

Compotier haut. Assiette à petits fours. Sucrier ovale. Compotier bas. Jatte.

SERVICES A DESSERT A FESTONS

CUT EDGE DESSERT WARE — SERVICIOS DE PASTRE FESTONEADOS

DESSERT SERVICE GESCHWEIFTE FORM

FORME JAPONAISE	JAPANESE SHAPE	Porcelaine blanche	A	B	C	D	E	F	G	H	I	K	L	M	N	O	FORMA JAPANESA	JAPANISCHE FORM
			PORCELAINES DÉCORÉES															
		fr. c.	fr. c.	fr. c.	fr. c.	fr. c.	fr. c.	fr. c.	fr. c.	fr. c.	fr. c.	fr. c.	fr. c.	fr. c.	fr. c.	fr. c.		
Assiettes, 8 p. dz.	[illegible] plates low, 8 p. each	10 »	11 50	12 60 1 40	13 50	14 80	15 50	17 55	19 75	22 50	25 30	29 65	21 »	30 »	31 50	32 75	Platos, 8 p. doc.	Teller, 8 p. dtz
Petits-fours bas, 8 p. pièce	Cut edge plates, 8 p. doz.	1 50	1 75		2 05	2 20	2 35	2 55	2 85	3 25	3 70	4 25	4 80	5 50	6 25	7 40	Pastelito bajo, 8 p. pieza	Petits-fours ... 8 p. stück
— hauts, 8 p. —	— — high, 8 p. —	6 »	7 »	7 50	7 60	7 90	8 25	8 65	9 25	10 »	10 50	12 »	13 15	14 50	15 »	18 25	— alto, 8 p. —	— hohe, 8 p. —
Compotiers bas, 8 p. —	Low compotiers, 8 p. —	3 »	3 50	3 75	4 »	4 25	4 50	4 85	5 25	6 »	6 75	7 60	8 60	9 75	11 »	12 50	Compotera baja, 8 p. —	Niedrige compotschassel 8 p. —
— hauts, 8 p. —	High — 8 p. —	6 »	7 »	7 50	7 60	7 90	8 25	8 65	9 25	10 »	10 90	12 »	13 15	14 50	16 »	18 25	— alta, 8 p. —	Hohe — 8 p. —
Jattes, 8 p. —	Strawberry — 8 p. —	8 »	9 25	9 65	10 05	10 45	10 85	11 45	12 25	13 25	14 35	15 85	17 15	19 25	21 25	21 25	Fruteros, 8 p. —	Schale, 8 p. —
Sucrier ovale, —	Oval sugardish, —	4 25	6 »	6 10	6 80	7 20	7 60	8 20	9 »	10 »	11 20	12 60	14 20	16 »	18 »	21 »	Azucarero oval, —	Zuckerdose, —

DÉCOR BORDURE ET FLEURS INDIENNES EN OR MAT

No 2117; tarif R pour services unis tarif R S pour services à festons (pages 60 à 63)

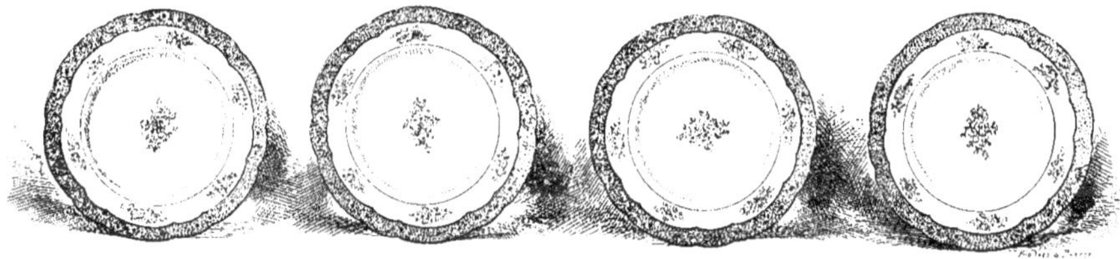

Assiettes.

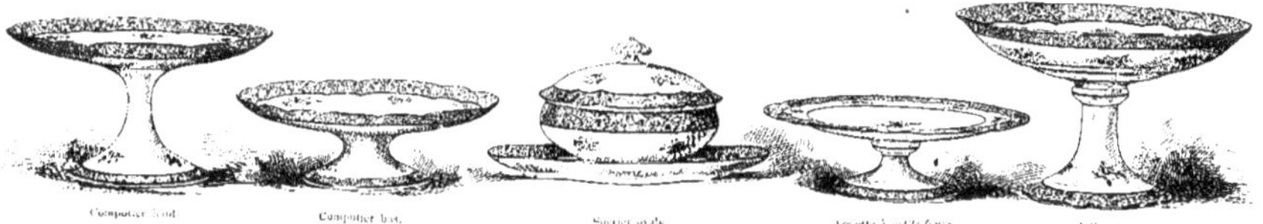

Compotier haut. Compotier bas. Sucrier ovale. Assiette à petits fours. Jatte.

SERVICES A DESSERT A FESTONS

CUT EDGE DESSERT WARE — SERVICIOS DE PASTRE FESTONEADOS

DESSERT SERVICE GECHSWEIFTE FORM

FORME PARISIENNE	PARISIAN SHAPE	Porcelaine blanche. fr. c.	PORCELAINES DÉCORÉES A fr. c.	B fr. c.	C fr. c.	D fr. c.	E fr. c.	F fr. c.	G fr. c.	H fr. c.	I fr. c.	K fr. c.	L fr. c.	M fr. c.	N fr. c.	O fr. c.	FORMA PARISIENSE	PARISER FORM
Assiettes, 8 pouces, d^ne	Cutedge plates, 8 p. doz.	10 »	11 50	12 60	13 70	14 80	15 90	17 55	19 75	22 50	25 80	29 65	31 05	30 »	41 50	52 75	Platos, 8 pouces, d^ne	Teller, 8 pouces, 8 pouces dtz.
Petits-fours, bas, 8 — pièce.	Bonbon stands low, 8 p. each.	5 »	5 75	5 95	6 15	6 35	6 55	6 85	7 25	7 75	8 35	9 65	9 85	10 75	11 75	13 25	Tostello bajo, 8 — pieza.	Petits fours niedere, 8 — stück.
— hauts, 8 — —	— — high, 8 — —	6 »	7 »	7 30	7 60	7 90	8 20	8 65	9 25	10 »	10 90	11 95	13 15	14 30	16 »	18 25	— alto, 8 — —	— — hohe, 8 — —
Compotiers, bas, 8 — —	Low compotiers, 8 — —	5 »	5 75	6 05	6 35	6 65	6 95	7 40	8 »	8 75	9 65	10 70	11 90	13 25	14 75	17 »	Compotera baja, 8 — —	Niedere compotschussel, 8 — —
— hauts, 8 — —	High — 8 — —	6 »	7 »	7 35	7 70	8 05	8 40	8 80	9 60	10 50	11 55	12 75	14 15	15 75	17 50	20 15	— alta, 8 — —	Hohe, — 8 — —
Jattes, 9½ —	Strawberry — 9½ p. —	8 »	9 25	9 65	10 05	10 45	10 85	11 35	12 25	13 25	14 45	15 85	17 45	19 25	21 25	21 25	Barlera, 9½ — —	Schale 9½ — —
— 9 — —	— — 9 p. —	10 »	11 50	12 »	12 50	13 »	13 50	14 25	15 25	16 50	18 »	19 75	21 75	21 »	26 50	30 25	— 9 — —	— 9 — —
Sucrier ovale, —	Oval sugardish, —	4 25	6 »	6 40	6 80	7 20	7 60	8 20	9 »	10 »	11 20	12 05	14 20	16 »	18 »	21 »	Azucarero oval, —	Zuckerdose, —

DÉCOR FRUITS SAXE

Sans filet au bord de l'assiette, numéro 2377; tarif H I pour services unis; tarif H I pour services festons
Un fil couleur — — 2538 I — I K —
Deux fils couleur — — 2378 I — K —

Bord or, numéro 2380; tarif I K pour services unis; tarif K pour services à festons
Bordure Saxe en or — 2379 — N — — N O —
Bord or dentelé — 2539 — L — — L M —

Assiettes.

Compotier haut. Compotier bas. Sucrier ovale. Assiette basse à petits fours. Jatte.

SERVICES A DESSERT A FESTONS

CUT EDGE DESSERT WARE — SERVICIOS DE PASTRE FESTONEADOS — DESSERT SERVICE GESCHWEIFTE FORM

FORME GRILLAGEE	LACED SHAPE	Porcelaine blanche	PORCELAINES DÉCORÉES A	B	C	D	E	F	G	H	I	K	L	M	N	O	FORMA ENTRELAZADA	VERSEKLUNGEN FORM
		fr. c.	fr. c.	fr. c.	fr. c.	fr. c.	fr. c.	fr. c.	fr. c.	fr. c.	fr. c.	fr. c.	fr. c.	fr. c.	fr. c.	fr. c.		
Assiettes, 8 pouces, dz°	Plates, 8 pouces, doz.	36 »	72 »	73 20	74 40	75 60	76 80	[illegible]	81 »	84 »	87 60	91 80	96 60	102 »	108 »	117 »	Platos, 8 pouces, doc.	Teller, 8 pouces, dtz.
Compotier bas, 8 — pièce	Low compotiers, 8 pouces, each	7 50	15 »	15 25	15 50	15 75	16 »	16 20	16 50	17 50	18 25	19 15	20 15	21 25	22 50	24 50	Compotera baja, 8 — pieza.	Niedere compotierschaal 8 — stück
— haut, 8 —	High, — 8 — —	8 50	17 »	17 30	17 60	17 90	18 20	18 65	19 25	20	20 90	22 »	23 15	24 50	25 »	28 [illegible]	— alta, 8 — —	Hohe, — 8 — —
Jatte, 8½ — —	Strawberry, — 8½ — —	11 »	21 »	21 45	21 80	22 20	22 60	23 20	24 »	25 »	25 20	27 60	29 20	31 »	33 »	36 »	[illegible], 8½ — —	Schale, 8½ — —
Sucrier ovale, —	Oval sugar, —	8 »	21 »	21 40	21 80	22 20	22 60	23 20	24 »	25 »	26 20	27 60	29 20	31 »	33 »	36 »	Azucarero oval, —	Oval Zuckerdose, —

DÉCOR SAXE AVEC GRILLAGE TURQUOISE ET OR

Numéro 2192, Lot S.

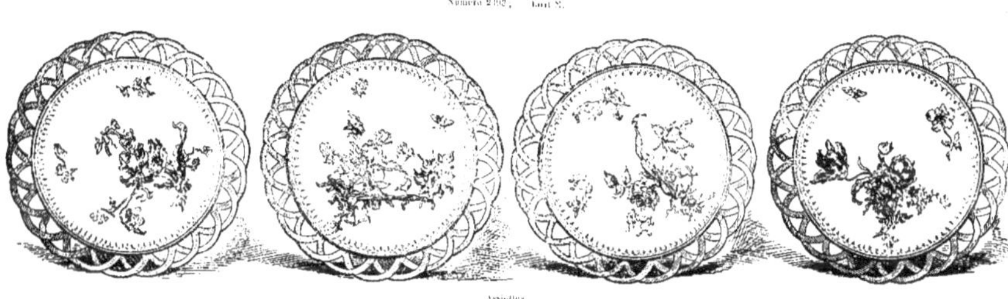

Assiettes

Compotier haut — Sucrier ovale — Compotier bas

SERVICES A DESSERT

DESSERT WARE — SERVICIOS DE PASTRE — DESSERT SERVICE

CORBEILLES		Blanc	Filet or	Baguettes dorées
		fr. c.	fr. c.	fr. c.
Entrelacées,	pièce.	3 25	5 75	9 »
Sèvres,	—	3 25	5 75	9 »
Rubis,	—	3 25	7 »	10 »
Cristal,	—	5 50	11 »	15 »
Ancre à anse,	—	4 »	8 »	12 »
Saxe rondes,	—	10 »	15 »	20 »
— ovales,	—	25 »	35 »	45 »

BASKETS		White	Gold edge	Traced
		fr. c.	fr. c.	fr. c.
Laced,	each.	3 25	5 75	9 »
Sevres,	—	3 25	5 75	9 »
Ruby,	—	3 25	7 »	10 »
Crystal,	—	5 50	11 »	15 »
anchor with handles,	—	4 »	8 »	12 »
saxon round,	—	10 »	15 »	20 »
— oval,	—	25 »	35 »	45 »

CESTAS		Blancas	Orilla de oro	Adornado
		fr. c.	fr. c.	fr. c.
Entrelazadas,	piera.	3 25	5 75	9 »
Sevres,	—	3 25	5 75	9 »
Rubi,	—	3 25	7 »	10 »
Cristal,	—	5 50	11 »	15 »
Ancla de asa,	—	4 »	8 »	12 »
Saxe redonda,	—	10 »	15 »	20 »
— oval,	—	25 »	35 »	45 »

KÖRBE		Weiss	Gold rand	Decorirt
		fr. c.	fr. c.	fr. c.
Verschlungen,	stück.	3 25	5 75	9 »
Sevres,	—	3 25	5 75	9 »
Rubis,	—	3 25	7 »	10 »
Cristal,	—	5 50	11 »	15 »
Anker mit henkeln,	—	4 »	8 »	12 »
saechsisch rund,	—	10 »	15 »	20 »
— oval,	—	25 »	35 »	45 »

Forme entrelacée pied haut.
— pied bas.

Forme Sèvres pied haut.
— pied bas.

Forme Rubis pied haut
— pied bas.

Forme cristal pied haut.
— pied bas.

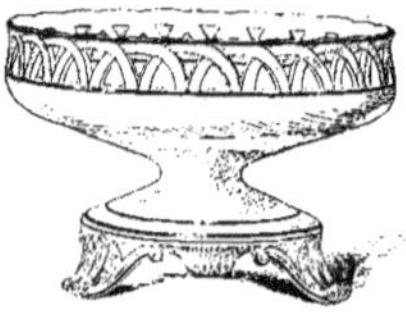

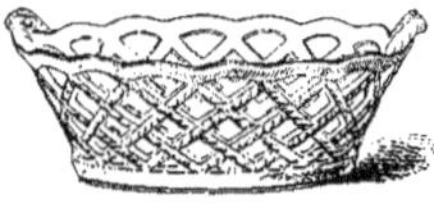

Forme ancre.

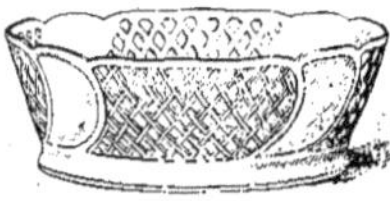

Forme saxe ronde.

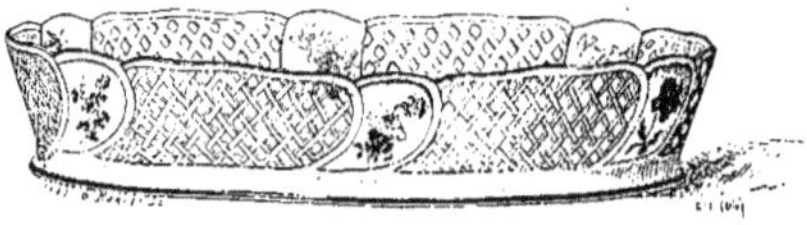

Forme saxe ovale.

SERVICES A DESSERT

DESSERT WARE — SERVICIOS DE PASTRE — DESSERT SERVICE

JARDINIÈRES		JARDINIERES		Porcelaine blanche	A	B	C	D	E	F	G	H	I	K	L	M	N	O	JARDINERAS		JARDINIEREN	
				fr. c.	fr. c.	fr. c.	fr. c.	fr. c.	fr. c.	fr. c.	fr. c.	fr. c.	fr. c.	fr. c.	fr. c.	fr. c.	fr. c.	fr. c.				
Indienne,	pièce	Indian,	each	11 »	15 »	15 50	16 »	16 50	17 »	17 75	18 75	20 »	21 50	23 25	25 25	27 50	30 »	33 75	Indio,	pieza	Indisch,	
Meissen, 1re	—	Meissen, 1st	—	10 »	15 »	15 30	15 80	16 20	16 60	17 20	18 »	19 »	20 20	21 60	23 20	25 »	27 »	30 »	Meissen, 1a	—	Meissen, 1e	—
— 2e	—	— 2d	—	25 »	35 »	35 80	36 60	37 40	38 20	39 10	41 »	44 »	47 »	48 20	51 40	55 »	59 »	65 »	— 2a	—	— 2e	—
Feuilles,	—	Leaf,	—	25 »	30 »	30 80	31 60	32 40	33 20	34 10	36 »	38 »	40 40	43 20	46 40	50 »	54 »	60 »	Hojas,	—	Blätter,	—
Plat à glace,	—	Ice cream dish,	—	7 50	9 »	9 50	10 »	10 50	11 »	11 75	12 75	14 »	15 50	17 25	19 25	21 50	24 »	27 75	Plato de hielos,	—	Eis schüssel,	—
CORBEILLES		BASKETS																	CESTAS		KÖRBE	
Ancre à anse,	pièce	Anchor with handles,	each	4 »	12 »	12 20	12 40	12 60	12 80	13 10	13 50	14 »	14 60	15 30	16 10	17 »	18 »	19 50	Ancla de asa,	pieza	Anker mit henkeln,	stück
Saxe, ronde,	—	Saxon round,	—	16 »	20 »	20 30	20 60	20 90	21 20	21 65	22 25	23 »	23 90	25 »	26 15	27 50	29 »	31 25	Saxe redonda,	—	Sachsisch rund,	—
— ovale,	—	— oval,	—	25 »	45 »	45 50	46 »	46 50	47 »	47 75	48 75	50 »	51 50	53 25	55 25	57 50	60 »	63 75	— oval,	—	— oval,	—

Jardinière Meissen 1re. Décor fleurs Saxe, sans filet, n° 2371; tarif H I.

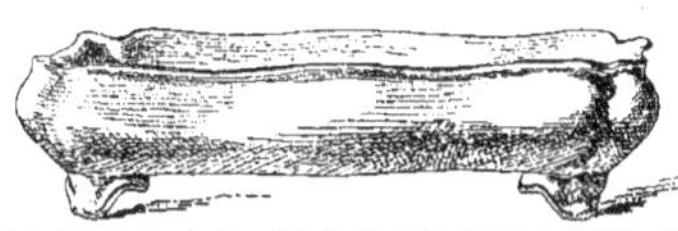

Jardinière indienne. Décor fond de couleur à l'extérieur, fleurs à l'intérieur; n° 2317; tarif K

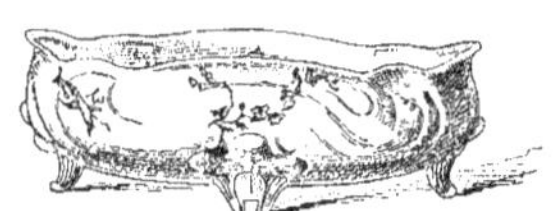

Jardinière Meissen 2e. Décor fleurs Saxe, sans filet, n° 2371; tarif H I.

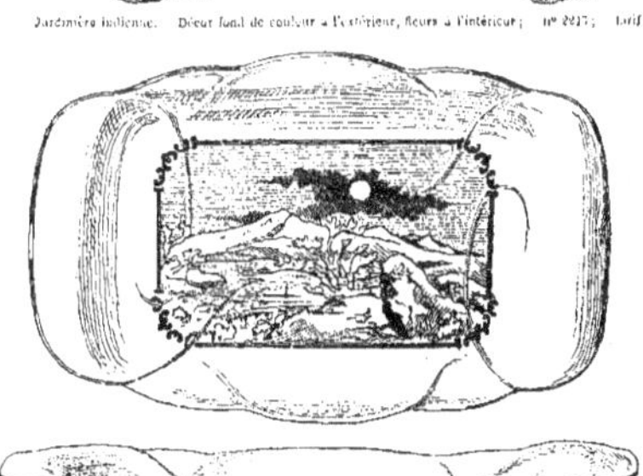

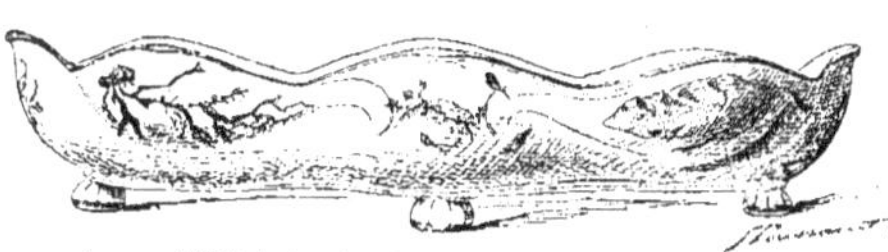

Jardinière feuilles. Décor plantes marines et bord or; n° 2591; tarif M

Plat à glace. Décor effet de neige et fond de couleur; tarif N.

SURTOUT DE TABLE EN FAIENCE CRÈME, PAR E. DELAPLANCHE

Pièce du milieu, 150 fr.

Longueur, 70 centimètres ; largeur, 18 centimètres ; hauteur, 30 centimètres.

SURTOUT DE TABLE EN FAIENCE CRÈME, PAR E. DELAPLANCHE

Bout de table, 75 fr.

Longueur, 70 centimètres; largeur, 48 centimètres; hauteur, 36 centimètres.

SERVICES A THÉ

TEA WARE — SERVICIOS PARA TÉ — THEE SERVICE

		Porcelaine blanche	PORCELAINES DÉCORÉES															
FORME SAXE	SAXON SHAPE		A	B	C	D	E	F	G	H	I	K	L	M	N	O	FORMA SAXE	SACHSISCHE FORM
		fr. c.	fr. c.	fr. c.	fr. c.	fr. c.	fr. c.	fr. c.	fr. c.	fr. c.	fr. c.	fr. c.	fr. c.	fr. c.	fr. c.	fr. c.		
Tasses à déj. & souc., douz.	Breakfast cups & saucer, doz.	8 50	10 »	11 60	12 90	14 80	16 50	18 80	22 »	26 »	30 80	36 40	42 80	50 »	58 »	70 »	Taza pa almuerzo y plat., doc.	Tasse für Frühstück m. unter., dtz.
— mixtes — —	Medium — — —	7 25	8 50	9 80	11 30	12 70	14 10	16 20	19 »	22 50	26 70	31 40	37 20	43 50	53 50	61 »	— media, — —	— mittle — —
— à thé — —	Tea — — —	6 »	7 »	8 20	9 10	10 60	11 80	13 60	16 »	19 »	22 60	26 80	31 60	37 »	43 »	54 »	— de te, — —	Thee Tasse — —
— à café — —	Coffee — — —	5 25	6 »	7 20	8 10	9 50	10 80	12 20	15 »	18 »	21 60	25 80	30 60	36 »	42 »	51 »	— de café, — —	Kaffee — — —
— — 3½ — —	— — — 3½ —	4 50	5 25	6 25	7 45	8 25	9 25	10 75	12 75	15 25	18 25	21 75	25 75	30 25	35 25	42 75	— — — 3½ —	— — — 3½ —
Tasses à moustaches & souc. —	Moustache cup & saucer, —	12 75	18 50	20 10	21 70	24 30	24 90	27 20	30 50	34 50	39 30	41 90	51 30	58 50	64 50	78 50	— a mostacho, —	Schnurrbart tasse, — —
FORME SAXE MINCE	SAXON THIN																SAXE DELGADA	SACHSISCHE DUNN
Tasses à déj. & souc., douz.	Breakfast cups & saucer, doz.	10 25	12 50	14 10	15 70	17 30	18 90	22 20	24 50	28 50	33 30	38 90	45 30	52 50	60 50	72 50	Taza pa almuerzo y plat., doc.	Tasse für Frühstück m. unter., dtz.
— mixtes — —	Medium — — —	8 50	10 50	11 90	13 30	14 70	16 10	18 20	21 »	24 50	28 70	33 60	39 20	45 50	52 50	63 »	— media, — —	— mittle, — —
— à thé — —	Tea — — —	6 80	8 25	9 45	10 65	11 85	13 »	14 85	17 25	20 25	23 85	28 »	32 85	38 25	44 25	53 25	— de te, — —	Thee Tasse — —
— à café — —	Coffee — — —	6 »	7 25	8 45	9 65	10 85	12 »	13 85	16 25	19 25	22 85	27 »	31 85	37 25	43 25	52 25	— de café, — —	Kaffee — — —
FORME TULIPE	TULIP SHAPE																FORMA TULIPA	TULPEN FORM
Tasses à déj. & souc., douz.	Breakfast cups & saucer, doz.	9 50	11 »	12 60	14 20	15 80	17 40	19 80	23 »	27 »	31 80	37 10	43 80	51 »	59 »	71 »	Taza pa almuerzo y plat. doc.	Tasse für Frühstück m. unter dtz.
— mixtes — —	Medium, — — —	8 »	9 25	10 65	12 »	13 15	14 85	17 »	19 75	23 25	27 15	32 35	38 »	44 25	51 25	61 75	— media, — —	— mittle, — —
— à thé — —	Tea, — — —	6 50	7 50	8 70	9 90	11 10	12 30	14 10	16 50	19 50	23 10	27 30	32 10	37 50	43 50	52 50	— de te, — —	Thee Tasse, — —
— à café — —	Coffee, — — —	5 50	6 25	7 45	8 65	9 85	11 »	12 85	15 25	18 25	21 85	26 »	30 85	36 25	42 25	51 25	— de café, — —	Kaffee — — —
BOLS	BOWLS																BOL	BOL
à pied 4½ pouces, pièce.	Bowls on foot 4½ pouces, each.	» 45	» 50	» 60	» 70	» 80	» 90	1 05	1 25	1 50	1 80	2 15	2 55	3 »	3 50	4 25	Taza a pié 4½ pouces, pieza	Stell mit fuss 4½ pouces, Stück
— 5 — —	— — 5 — —	» 50	» 60	» 70	» 80	» 90	1 »	1 15	1 35	1 60	1 90	2 25	2 65	3 10	3 60	4 35	— — 5 — —	— — — 5 — —
— 5½ — —	— — 5½ — —	» 60	» 70	» 80	» 90	1 »	1 10	1 25	1 45	1 70	2 »	2 35	2 75	3 20	3 70	4 45	— — 5½ — —	— — — 5½ — —
— 6 — —	— — 6 — —	» 70	» 85	» 95	1 05	1 15	1 25	1 40	1 60	1 85	2 15	2 50	2 90	3 35	3 85	4 60	— — 6 — —	— — — 6 — —
PLATS A GATEAUX	CAKE OR BREAD & BUTTER PLATES																PLATOS DE TÉ	KUCHEN SCHALEN
Rond anse pleine, pièce.	Round solid handle, each.	» 85	1 40	1 50	1 60	1 70	1 80	2 »	2 15	2 40	2 70	3 »	3 45	3 90	4 40	5 15	Redondo plena asa, pieza.	Rund mit voll henkel, Stück
— — à jour, —	— loop — —	1 30	2 50	2 60	2 70	2 80	2 90	3 »	3 25	3 50	3 80	4 15	4 55	5 »	5 70	6 25	— asa calada, —	— — henkeln durchbrochen, —
Ovale — — —	Oval — — —	2 »	3 80	4 »	4 20	4 40	4 60	4 90	5 40	5 80	6 30	7 10	7 90	8 80	9 80	11 30	Oval — — —	— — — — —

FORME SAXE

DÉCOR BARBEAUX BLEUS SEMÉS

Sans filet, nº 2383, tarif B F, sur uni.
1 filet couleur nº 2512 — F —
Bord or, nº 2513 — G —

FORME TULIPE

DÉCOR BRANCHES ET OISEAUX

Sans filet, nº 2392, tarif D, sur uni,
1 filet couleur, nº 2511 — E —
Bord or, nº 2515 — F —

BOLS. — DÉCOR ROSES CAMAÏEUX

Sans filet au bord : nº 2380, tarif B F sur uni ; Avec filet couleur au bord : nº 2516, tarif F sur uni ; Avec bord or : nº 2517, tarif G sur uni.

SERVICES A THÉ

TEA WARE — SEVICIOS PARA TÉ

THEE SERVICE

		Porcelaine blanche	A	B	C	D	E	F	G	H	I	K	L	M	N	O		
			PORCELAINES DÉCORÉES															
FORME ROSE	ROSE SHAPE	fr. c.	fr. c.	fr. c.	fr. c.	fr. c.	fr. c.	fr. c.	fr. c.	fr. c.	fr. c.	fr. c.	fr. c.	fr. c.	fr. c.	fr. c.	FORMA ROSA	ROSE FORM
Théière pour 12, pièce.	Tea pot for 12, each.	2 25	4 »	4 20	4 40	4 60	4 80	5 10	5 50	6 »	6 60	7 30	8 10	9 »	10 »	11 50	Tetera para 12, pieza.	Theetopf für 12, Stück.
Sucrier — —	Sugar — —	1 75	3 25	3 40	3 55	3 70	3 85	4 05	4 40	4 75	5 20	5 70	6 30	7 »	7 75	8 90	Azucarero — —	Zuckerdose — —
Crémier — —	Cream — —	1 »	2 »	2 10	2 20	2 30	2 40	2 55	2 75	3 »	3 30	3 65	4 05	4 50	5 »	5 75	Lechero — —	Milchguss — —
Bol —	Bowl — —	1 40	1 60	1 70	1 80	1 90	2 »	2 15	2 35	2 60	2 90	3 25	3 65	4 10	4 60	5 35	Bol —	Bol —
Tasse à déjeuner & soucoupe, douz.	Breakfast cups and saucers, doz.	10 25	11 25	15 85	17 45	19 05	20 65	23 05	26 25	30 25	35 »	40 05	47 05	54 25	62 25	71 25	Taza pª almuerzo y platº doc.	Frühstückstasse mit Unter Dtz.
— mixte — —	Medium — — —	8 50	12 »	13 40	14 80	16 20	17 60	19 70	22 50	26 »	30 20	35 10	40 70	47 »	54 »	64 50	— mediana, — —	Gemischte — — —
— à thé — —	Tea cups — — —	6 75	10 »	11 20	12 30	13 60	14 80	16 60	19 »	22 »	25 60	29 80	34 60	40 »	46 »	55 »	— de te, — —	Thee — — —
— à café — —	Coffee — — —	5 50	8 50	9 70	10 90	12 20	13 30	15 10	17 50	20 50	24 10	28 30	33 10	38 50	44 50	53 50	— de café, — —	Kaffee — — —
— à thé { soucoupe creuse. —	Tea cups { deep sauc. —	9 75	13 50	14 90	16 30	17 70	19 10	21 20	24 »	27 50	31 70	36 60	42 20	48 50	55 50	66 »	— de te { y platos hondos, —	Thee tasse { mit tiefe Untertasse —
— à café { soucoupe creuse. —	Coffee — { deep sauc. —	8 50	12 »	13 40	14 80	16 20	17 60	19 70	22 50	26 »	30 20	35 10	40 70	47 »	54 »	64 50	— de cafe { y platos hondos, —	Kaffee — { mit tiefe Untertasse —
FORME BRANCHE	BRANCH SHAPE																FORMA BRANCHA	BRANCHE FORM
Théière pour 12, pièce.	Tea pot for 12, each.	2 25	4 »	4 20	4 40	4 60	4 80	5 10	5 50	6 »	6 60	7 30	8 10	9 »	10 »	11 50	Tetera para 12, pieza.	Theetopf für 12, Stück.
Sucrier — —	Sugar — —	1 75	3 25	3 40	3 55	3 70	3 85	4 05	4 40	4 75	5 20	5 70	6 30	7 »	7 75	8 90	Azucarero — —	Zuckerdose — —
Crémier — —	Cream — —	1 »	2 »	2 10	2 20	2 30	2 40	2 55	2 75	3 »	3 30	3 65	4 05	4 50	5 »	5 75	Lechero — —	Milchguss — —

Bol.

Forme branche.

Tasses forme rose.

Tasse rose et soucoupes creuses.

Forme rose.

SERVICES A THÉ

TEA WARE — SERVICIOS PARA TÉ — THEE SERVICE

FORME BOULE	BOULE SHAPE	Porcelaine blanche fr. c.	A fr. c.	B fr. c.	C fr. c.	D fr. c.	E fr. c.	F fr. c.	G fr. c.	H fr. c.	I fr. c.	K fr. c.	L fr. c.	M fr. c.	N fr. c.	O fr. c.	FORMA BOULE	BOULE FORM
Théière pour 12 — pièce.	Tea pot for 12 — each.	2 25	4 »	4 20	[illegible]	[illegible]	[illegible]	[illegible]	[illegible]	[illegible]	[illegible]	[illegible]	8 10	9 »	10 »	11 50	Tetera para 12 — pieza.	Theetopf für 12 — Stück.
Sucrier — —	Sugar — —	1 75	3 25	3 10	[illegible]	4 30	[illegible]	[illegible]	[illegible]	4 75	[illegible]	[illegible]	[illegible]	7 »	7 75	8 90	Azucarera — —	Zuckerdose — —
Crémier — —	Cream — —	1 »	2 »	2 10	[illegible]	[illegible]	[illegible]	[illegible]	[illegible]	[illegible]	[illegible]	[illegible]	4 »	[illegible]	[illegible]	5 75	Lechera — —	Milchgiess — —
Théière pour 6 —	Tea pot for 6 —	1 75	3 25	3 10	[illegible]	3 70	[illegible]	[illegible]	[illegible]	[illegible]	[illegible]	5 70	[illegible]	7 »	7 75	8 95	Tetera para 6 —	Theetopf für 6 —
Sucrier — —	Sugar — —	1 45	2 75	2 85	[illegible]	3 05	[illegible]	[illegible]	[illegible]	[illegible]	[illegible]	[illegible]	[illegible]	5 25	5 75	6 50	Azucarera — —	Zuckerdose — —
Crémier — —	Cream — —	» 80	1 65	1 75	[illegible]	1 90	[illegible]	2 10	2 25	[illegible]	[illegible]	[illegible]	3 15	3 50	[illegible]	4 15	Lechera — —	Milchgiess — —
Tasse à déjeuner & soucoupe, douz.	Breakfast, cups and saucers, doz.	10 50	12 75	[illegible]	[illegible]	18 15	[illegible]	[illegible]	[illegible]	[illegible]	[illegible]	[illegible]	[illegible]	[illegible]	[illegible]	[illegible]	Taza p.a almuerzo y platillo, doc.	Frühstücks Tasse mit unter., Dtz.
— mixte, — —	Medium — —	8 75	10 50	12 10	[illegible]	15 30	[illegible]	[illegible]	22 50	[illegible]	31 30	[illegible]	[illegible]	[illegible]	58 50	70 50	— mediana — —	[illegible] — —
— à thé, — —	Tea — —	7 »	8 50	[illegible]	11 30	12 70	14 10	[illegible]	19 »	22 50	[illegible]	[illegible]	37 20	[illegible]	[illegible]	61 »	— de te, — —	Theetasse — —
— à café, — —	Coffee — —	5 50	6 75	7 25	9 15	10 35	[illegible]	[illegible]	15 75	18 75	[illegible]	[illegible]	[illegible]	[illegible]	42 75	51 75	— de café, — —	Kaffeetasse — —

DÉCOR ROSES MOUSSEUSES

Filet or, numéro 2079; tarif B pour services unis

Tasse à déjeuner.

Tasse mixte.

Crémier, sucrier et théière pour douze.

Tasse à café. Tasse à thé.

Crémier, sucrier et théière pour six.

SERVICES A THÉ

TEA WARE — SERVICIOS PARA TÉ — THEE SERVICE

FORME CABLE	CABLE SHAPE	Porcelaine blanche	PORCELAINES DÉCORÉES A	B	C	D	E	F	G	H	I	K	L	M	N	O	FORMA CABLE	KABEL FORM
		fr. c.	fr. c.	fr. c.	fr. c.	fr. c.	fr. c.	fr. c.	fr. c.	fr. c.	fr. c.	fr. c.	fr. c.	fr. c.	fr. c.	fr. c.		
Théière pour 12 pers.	Tea pot for 12 each.	2 25	4 »	4 20	4 40	4 60	4 80	5 10	5 55	6 »	6 60	7 30	8 10	9 »	10 »	11 50	Tetera para 12 piezas.	Theetopf für 12 Stück.
Sucrier, — — —	Sugar, — —	1 75	3 25	3 40	3 55	3 70	3 85	4 05	4 30	4 75	5 20	5 70	6 30	7 »	7 75	8 90	Azucarero — —	Zuckerdose — —
Crémier, — — —	Cream, — —	1 »	2 »	2 10	2 20	2 30	2 40	2 55	2 75	3 »	3 30	3 65	4 05	4 50	5 »	5 75	Lechera — —	Milchkanne — —
Bol, —	Bowl, —	1 40	1 60	1 70	1 80	1 90	2 »	2 15	2 35	2 60	2 90	3 25	3 65	4 10	4 60	5 35	Bol —	Bol, —
Tasse à déjeuner & sous. douz.	Breakfast cups & sauc., doz.	11 »	14 50	15 10	16 70	18 [illegible]	19 90	22 [illegible]	25 50	29 50	31 30	39 90	46 30	53 50	61 50	73 50	Taza pa almuerzo y plato, doc.	Frühstück tasse m. teller Dtz.
— moyenne, — —	Medium, — —	9 25	11 25	12 65	14 05	15 45	16 85	18 [illegible]	21 75	25 25	29 15	34 35	39 15	46 25	53 25	63 75	— mediana, — —	Gemischte — — —
— à thé, — —	Tea, — —	7 50	9 »	10 20	11 30	12 60	13 80	15 60	18 »	21 »	24 60	28 80	33 60	39 »	45 »	54 »	— de te, — —	Thee — — —
— à café, — —	Coffee, — —	6 75	8 25	9 45	10 65	11 85	13 05	14 85	17 25	20 25	23 85	28 05	32 85	38 25	44 25	53 25	— de café, — —	Kaffee — — —

DÉCOR LISERONS SEMÉS

Sans filet au bord de l'assiette, numéro 2385; tarif F pour services unis; tarif F pour services à festons. — Avec filet or au bord de l'assiette, numéro 2534; tarif F G pour services unis; tarif G pour services à festons.

Avec bord or, nº 2600; tarif G H pour services unis; tarif H pour services à festons.

Assiette à gâteaux.

Théière, sucrier et crémier.

Bol.

Tasse à café.

Tasse à thé.

Tasse mixte.

Tasse à déjeuner.

SERVICES A THÉ

TEA WARE SERVICIOS PARA TÉ

THEE SERVICE

FORME ANCRE	ANCHOR SHAPE	Porcelaine blanche	A	B	C	D	E	F	G	H	I	K	L	M	N	O	FORMA ANCLA	ANKER FORM
			PORCELAINES DÉCORÉES															
		fr. c.	fr. c.	fr. c.	fr. c.	fr. c.	fr. c.	fr. c.	fr. c.	fr. c.	fr. c.	fr. c.	fr. c.	fr. c.	fr. c.	fr. c.		
Chocolatière pour 12 pièces.	Chocolat pot for 12 pers.																Chocolatera para 12 piezas.	Chocolade kanne für 12 stück
Cafetière — — —	Coffee — — —	2 25	4 »	4 20	4 10	4 60	4 80	5 10	5 50	6 »	6 60	7 30	8 10	9 »	10 »	11 50	Cafetera — — —	Kaffee — — —
Théière — — —	Tea — — —																Tetera — — —	Theetopf — — —
Sucrier — — —	Sugar box — — —	1 75	3 25	3 40	3 55	3 70	3 85	4 10	4 40	4 75	5 20	5 70	6 30	7 »	7 75	8 90	Azucarero — — —	Zuckerdose — — —
Crémier — — —	Cream jug — — —	1 »	2 »	2 10	2 20	2 30	2 40	2 55	2 75	3 »	3 30	3 65	4 »	4 50	5 »	5 75	Lechero — — —	Milchguss — — —
Chocolatière pour 6 —	Chocolat pot for 6 —																Chocolatera para 6 —	Chocolade kanne für 6 —
Cafetière — — —	Coffee — — —	1 75	3 25	3 40	3 55	3 70	3 85	4 10	4 40	4 75	5 20	5 70	6 30	7 »	7 75	8 90	Cafetera — — —	Kaffee — — —
Théière — — —	Tea — — —																Tetera — — —	Theetopf — — —
Sucrier — — —	Sugar box — — —	1 45	2 75	2 85	3 »	3 10	3 20	3 30	3 50	3 75	4 »	4 10	4 80	5 25	5 75	6 30	Azucarero — — —	Zuckerdose — — —
Crémier — — —	Cream jug — — —	» 80	1 65	1 70	1 80	1 90	2 »	2 10	2 25	2 40	2 65	2 90	3 15	3 50	3 90	4 45	Lechero — — —	Milchguss — — —
Bol —	Bowl —	1 40	1 60	1 70	1 80	1 90	2 »	2 15	2 35	2 60	2 90	3 25	3 65	4 10	4 60	5 35	Bol —	Bol —
Tasses à déjeuner & souc. dou.	Breakfast cups & saucer, doz.	13 50	17 50	19 30	21 »	22 90	24 70	27 10	31 »	35 50	41 »	47 20	54 10	62 30	71 50	85 »	Taza pª almuerzo y plat. doc.	Tasse für frühstück m. unt., dtz.
— mixtes — —	Medium — — —	11 »	14 25	15 85	17 50	19 »	20 65	23 »	26 25	30 25	35 »	40 65	47 »	54 25	62 25	74 25	— mixta, — —	— mixte — —
— à thé — —	Tea — — —	8 50	11 25	12 65	14 »	15 50	16 85	19 »	21 75	25 25	29 50	34 35	40 »	46 25	53 25	63 75	— de té, — —	Thee tasse — — —
— à café — —	Coffee — — —	6 75	9 25	10 45	11 65	12 85	14 »	15 85	18 25	21 25	24 85	29 »	33 85	39 25	45 25	54 25	— de café, — —	Kaffee — — — —
Tasses à thé } avec souc. —	Tea cup } with deep —	11 50	14 75	16 40	18 »	19 50	21 15	23 50	26 75	30 75	35 50	41 25	47 50	54 75	62 75	74 75	Taza de te } y platos —	Thee tasse } mit tiefe —
— à café } creuses —	Coffee — } saucer —	9 75	12 75	14 15	15 50	17 »	18 35	20 50	23 25	26 75	31 »	35 85	41 50	47 75	54 75	65 25	— de café } hondos —	Kaffee — } untertasse —
Tasses à thé } avec souc. —	Tea cup } with sand- —	20 75	27 »	29 40	31 80	34 20	37 65	41 20	45 »	51 »	58 25	66 50	76 »	87 »	99 »	117 »	Taza de te } y platillos —	Thee tasse } mit untertasse —
— à café } à sandwich —	Coffee — } wich saucer —	19 »	25 »	27 25	29 50	32 »	34 25	37 75	42 25	48 »	55 »	63 »	72 »	82 50	91 »	111 »	— de café } de sandwich —	Kaffee — } für sandwich —

DÉCOR CORDE NOIR ET BORD OR

Numéro 2123 ; tarif H I pour services unis ; tarif I K pour services à festons.

Crémier. Sucrier. Théière. Cafetière. Chocolatière.

Tasse à thé avec soucoupe à Sandwichs. Tasse à café avec soucoupe creuse. Tasse à café. Tasse à thé. Tasse mixte. Tasse à déjeuner. Bol.

SERVICES A THÉ

TEA WARE SERVICIOS PARA TÉ

THEE SERVICE

FORME PAPILLONS	BUTTERFLY SHAPE	Porcelaine blanche fr. c.	A fr. c.	B fr. c.	C fr. c.	D fr. c.	E fr. c.	F fr. c.	G fr. c.
Chocolatière pour 12. pièce	Chocolat pot for 12, each								
Cafetière — — —	Coffee — — —	2 25	4 »	4 20	4 30	4 60	4 80	5 10	5 50
Théière — — —	Tea — — —	1 75	3 45	3 40	3 55	3 70	3 85	4 10	4 30
Sucrier — — —	Sugar box — —	1 »	2 »	2 10	2 20	2 30	2 40	2 55	2 75
Crémier — — —	Cream jug — —								
Chocolatière pour 6 —	Chocolat set for 6, —								
Cafetière — — —	Coffee — — —	1 75	3 25	3 40	3 55	3 70	3 85	4 10	4 55
Théière — — —	Tea — — —								
Sucrier — — —	Sugar box — —	1 15	2 75	2 85	3 »	3 10	3 20	3 30	3 50
Crémier — — —	Cream jug — —	» 80	1 65	1 70	1 80	1 90	2 »	2 10	2 25
Bol. —	Bowl —	[illegible]	1 60	1 70	1 80	1 90	2 »	2 15	2 35
Tasses à déjeuner & sous.. dne.	Breakfast cups & sauc. doz.	14 50	19 75	21 50	23 35	25 15	27 »	29 65	33 45
— mixte — —	Medium — — —	12 »	16 50	18 10	19 70	21 35	23 »	25 20	28 50
— à thé — —	Tea — — —	9 50	13 50	14 10	16 30	17 50	19 10	21 20	24 »
— à café — —	Coffee — — —	7 75	11 50	12 70	13 90	15 10	16 30	18 10	20 50
Tasses à thé à sous. 3e —	Tea cup & sauc. 3d doz.	6 50	10 »	11 »	12 »	13 »	14 »	15 50	17 50
— à café — — —	Coffee — — — —	6 50	10 »	11 »	12 »	13 »	14 »	15 50	17 50
Tasses à thé } avec soucoupe creuse —	Tea cup } with deep saucer —	12 50	17 »	18 60	20 20	21 80	22 40	25 80	[illegible]
— à café } —	Coffee — } —	10 75	15 »	16 40	17 80	19 20	20 60	22 50	25 75
Tasses à thé } avec plateau sandwich —	Tea cup } with sandwich saucer —	21 75	29 »	31 40	33 80	36 20	38 60	42 50	47 »
— à café } —	Coffee — } with saucer —	20 »	27 »	29 30	31 60	34 »	35 25	39 65	44 25

BUTTERFLY SHAPE	H fr. c.	I fr. c.	K fr. c.	L fr. c.	M fr. c.	N fr. c.	O fr. c.	FORMA MARIPOSAS	SCHMETTERLING FORM
Chocolat pot for 12, each								Chocolatera para 12 pieza.	Chocolade kanne für 12 stück
Coffee — — —	6 »	6 60	7 30	8 10	9 »	10 »	11 50	Cafetera — — —	Kaffee — — — —
Tea — — —	4 75	5 20	5 70	6 30	7 »	7 75	8 50	Tetera — — —	Theetopf — — —
Sugar box — —	3 »	3 30	3 65	4 »	4 50	5 »	5 75	Azucarero — — —	Zuckerdose — — —
Cream jug — —								Lechera — — —	Milchguss — — —
Chocolat set for 6, —								Chocolatera para 6 —	Chocolade kanne für 6 —
Coffee — — —	4 75	5 20	5 70	6 90	7 »	7 75	8 90	Cafetera — — —	Kaffee — — — —
Tea — — —								Tetera — — —	Theetopf — — —
Sugar box — —	3 75	4 »	4 40	4 80	5 25	5 75	6 50	Azucarero — — —	Zuckerdose — — —
Cream jug — —	2 40	2 65	2 90	3 15	3 50	3 90	4 45	Lechera — — —	Milchguss — — —
Bowl —	2 60	2 90	3 25	3 65	4 10	4 60	5 85	Bol —	Bol —
Breakfast cups & sauc. doz.	37 75	44 15	49 50	56 75	64 75	73 75	87 25	Taza pa almuerzo y plat. doc.	Tasse für Frühstück m. unter. dtz
Medium — — —	32 50	37 25	43 »	49 50	56 50	64 50	70 50	— mixta — —	— mixte — — —
Tea — — —	27 50	31 70	36 60	42 25	48 50	55 50	64 »	— de té — —	Thee tasse — — —
Coffee — — —	21 50	27 10	31 30	36 »	41 50	47 50	54 50	— de café — —	Kaffee — — — —
Tea cup & sauc. 3d doz.	20 »	23 »	26 50	30 50	35 »	41 »	47 50	Taza de té y plat. 3a, —	Thee tasse m. unter 3e —
Coffee — — — —	20 »	23 »	26 50	30 50	35 »	40 »	47 50	— de café — — —	Kaffee — — — — —
Tea cup } with deep saucer —	[illegible]	27 80	33 70	39 80	57 »	65 »	77 »	Taza de té } y platos huecos —	Thee tasse } mit tiefe untertasse —
Coffee — } —	[illegible]	33 20	38 »	44 75	50 »	57 »	67 50	— de café } —	Kaffee — } —
Tea cup } with sandwich saucer —	51 »	61 25	68 60	78 25	89 »	101 »	119 »	Taza de te } y platillos —	Thee tasse } mit untertasse —
Coffee — } with saucer —	51 »	57 »	65 »	74 25	84 50	95 »	113 »	— de café de sandwich —	Kaffee — } für sandwich —

PAPILLONS COLORIÉS (SANS AUTRE DÉCORATION.

Numéro 2592; tarif A.

Crémier. Sucrier. Théière. Cafetière. Chocolatière.

Tasse à thé, soucoupe creuse. Tasse à thé 3e. Tasse à café 3e. Tasse à café. Tasse à thé. Tasse mixte. Tasse à déjeuner. Bol.

SERVICES A THÉ

TEA WARE — SERVICIOS PARA TÊ

THEE SERVICE

FORME PARISIENNE	PARISIAN SHAPE	Porcelaine blanche	PORCELAINES DÉCORÉES A	B	C	D	E	F	G	H	I	K	L	M	N	O	FORMA PARISIENSE	PARISER FORM
		fr. c.	fr. c.	fr. c.	fr. c.	fr. c.	fr. c.	fr. c.	fr. c.	fr. c.	fr. c.	fr. c.	fr. c.	fr. c.	fr. c.	fr. c.		
Théière pour 12, pièce	Tea pot for 12, each	3 50	6 50	6 70	6 90	7 10	7 30	7 60	8 »	8 50	9 10	9 80	10 60	11 50	12 50	14 »	Tetera para 12, pieza	Theetopf für 12, stück
Sucrier — — —	Sugar — — —	2 50	5 »	5 15	5 30	5 45	5 60	5 80	6 15	6 50	7 »	7 45	8 »	8 75	9 50	10 65	Azucarero de id. — —	Zuckerdose — — —
Crémier — — —	Cream — — —	1 50	3 25	3 35	3 45	3 55	3 65	3 80	4 »	4 25	4 55	4 90	5 30	5 75	6 25	7 »	Lechero — — —	Milchguss — — —
Bol —	Bowl, —	1 00	1 85	2 »	2 10	2 15	2 25	2 40	2 60	2 85	3 15	3 70	3 90	4 35	4 85	5 60	Bol, —	Bol, —
Tasses à déjeuner à souc. dou.	Breakfast cups & sauc. doz.	20 »	21 50	25 90	28 10	29 90	31 70	34 50	38 »	42 50	47 90	51 40	61 40	69 50	78 50	92 »	Taza p. almuerzo y plat. doc.	Frühstück tasse m. unter, dtz.
— à thé — —	Tea, — — —	13 »	15 »	16 40	17 80	19 20	20 60	22 70	25 50	29 »	33 20	38 10	43 70	50 »	57 »	67 50	— de té, — —	Thee — — —
— à café 1re — —	Coffee, — 1st — —	12 »	16 »	16 40	17 80	19 20	20 60	22 70	25 50	29 »	33 20	38 10	43 70	50 »	57 »	67 50	— de café, 1a —	Kaffee — 1ste —
— — 2e — —	— — 2d — —	10 »	12 50	13 50	14 60	15 10	17 30	19 10	21 50	24 50	28 10	32 30	37 10	42 50	48 50	57 50	— — 2a —	— — 2te —
— à thé, (à souc. sandwich) —	Tea cups, (with sandwich saucer) —	24 25	30 25	32 65	35 »	37 45	39 85	43 15	48 25	54 25	61 45	69 85	79 15	90 25	102 25	120 25	— de té (platillo de sandwich) —	Thee tasse (mit unter-tasse für sandwich) —
— à café 1re —	Coffee, — 1st —	24 25	30 25	32 65	35 »	37 45	39 85	[illegible]	[illegible]	54 25	61 45	69 85	79 15	90 25	102 25	120 25	— de café 1a —	Kaffee — 1ste —
— — 2e —	— — 2d —	22 25	28 »	30 30	32 60	34 90	37 20	40 65	[illegible]	51 »	57 80	65 »	75 15	85 50	97 »	114 25	— — 2a —	— — 2te —
FORME OVIDE	**OVIDE SHAPE**																**FORMA OVIDE**	**OVIDE FORM**
Tasses à déjeuner à souc. dou.	Breakfast cups & sauc. doz.	17 »	21 »	22 80	24 60	26 40	28 20	30 90	34 50	39 »	44 40	50 70	57 90	66 »	75 »	88 50	Taza p. almuerzo y plat. doc.	Frühstück tasse m. unter dtz.
— [illegible] — —	Medium — — —	13 50	16 50	18 10	19 70	21 30	22 90	25 »	28 »	32 50	37 30	42 90	49 20	56 50	64 50	76 50	— mediana —	[illegible] — —
— à thé, — —	Tea — — —	10 25	12 75	11 15	15 75	17 »	18 35	20 15	23 25	26 75	31 »	35 85	41 15	17 75	54 75	65 25	— de té, — —	Thee — — —
— à café 1re, — —	Coffee — 1st — —	10 25	12 75	11 15	15 55	17 »	18 85	20 15	23 25	26 75	31 »	35 85	41 45	17 75	54 75	65 25	— de café, 1a —	Kaffee 1ste — —
— — 2e, — —	— — 2d — —	8 50	12 »	11 95	13 15	14 35	15 55	17 35	19 75	22 75	26 35	30 75	35 35	40 75	46 75	55 75	— — 2a —	— 2te — —
— à thé, (à souc. sandwich) —	Tea cups, (with sandwich saucer) —	23 70	28 30	30 10	33 30	35 70	38 10	41 70	46 50	52 70	59 70	68 10	77 70	88 »	100 50	118 50	— de té, (platillo de sandwich) —	Thee tasse (mit unter-tasse für sandwich) —
— à café 1re —	Coffee — 1st —	22 70	28 30	30 10	33 30	35 70	38 10	41 70	46 50	52 70	59 70	68 10	77 50	88 50	100 50	118 50	— de café 1a —	Kaffee — 1ste —
— — 2e —	— — 2d —	20 75	25 50	28 80	31 10	33 10	35 70	39 15	43 75	49 70	56 90	64 15	73 75	84 »	95 50	112 75	— — 2a —	— — 2te —

DÉCOR NUMÉRO 2404

Tarif N pour services unis; tarif N O pour services à festons.

SERVICES A THÉ

TEA WARE SEVICIOS PARA TÉ

THEE SERVICE

FORME YEDO	YEDO SHAPE	Porcelaine blanche	PORCELAINES DÉCORÉES														FORMA YEDO	FORM YEDO
			A	B	C	D	E	F	G	H	I	K	L	M	N	O		
		fr. c.	fr. c.	fr. c.	fr. c.	fr. c.	fr. c.	fr. c.	fr. c.	fr. c.	fr. c.	fr. c.	fr. c.	fr. c.	fr. c.	fr. c.		
Théière pour 12, pièce	Tea pot for 12, each	6 »	9 50	9 75	10 »	10 25	10 50	10 85	11 00	12 »	12 75	13 60	14 00	15 75	17 »	18 00	Tetera para 12, pieza	Theetopf für 12, stück
Sucrier — — —	Sugar — —	5 »	7 75	8 »	8 15	8 35	8 55	8 85	9 25	9 75	10 35	11 »	11 85	12 75	13 75	15 25	Azucarero — — —	Zuckerdose — — —
Crémier — — —	Cream — —	4 »	6 25	6 40	6 55	6 70	6 85	7 »	7 50	7 75	8 20	8 70	9 30	10 »	10 75	11 90	Lechero — — —	Milchguss — — —
Bol, —	Bowl, —	2 50	3 75	3 90	4 »	4 20	4 35	4 60	4 90	5 25	5 70	6 25	6 85	7 50	8 25	9 40	Bol, —	Bol, —
Tasses à déjeuner & souc., douz.	Breakfast cup & sauc., doz.	31 »	48 »	50 »	52 »	54 »	56 »	58 »	63 »	68 »	74 »	81 »	89 »	98 »	108 »	123 »	Taza pa almuerzo y plat. dna	Frühstück tasse m. unter., dtz
— à thé, — —	Tea, — — —	24 »	36 »	37 60	39 20	40 80	42 40	44 80	48 »	52 »	57 80	62 30	68 80	76 »	84 »	94 »	— de te — —	Thee, — — —
— à café, — —	Coffee, — — —	21 »	33 »	34 40	35 80	37 20	38 60	40 70	44 50	47 »	51 20	56 10	61 70	68 »	75 »	85 50	— de café — —	Kaffee — — —

DÉCOR BORDURE DE MYOSOTIS SOUS UNE BANDE D'OR MAT

Numéro 2421; tarif L pour services unis; tarif M N pour services à festons.

Crémier. Sucrier. Théière.

Tasse à café. Tasse à thé. Tasse à déjeuner. Bol.

SERVICES A THÉ

TEA WARE — SERVICIOS PARA TÉ — THEE SERVICE

FORME CRISTAL	CRYSTAL SHAPE	Porcelaine blanche. fr. c.	A fr. c.	B fr. c.	C fr. c.	D fr. c.	E fr. c.	F fr. c.	G fr. c.
Théière pour 12 pièce.	Tea pot for 12, each.	6 »	9 50	9 75	10 »	10 25	10 50	10 85	11 10
Sucrier — — —	Sugar — — —	5 »	7 75	8 »	8 15	8 25	8 55	8 85	9 25
Crémier — — —	Cream — — —	4 »	6 25	6 40	6 55	6 70	6 85	7 »	7 40
Bol, —	Bowl, —	2 50	2 90	3 »	3 20	3 35	3 50	3 70	4 »
Tasses à déjeuner et souc. douz.	Breakfast cup & sauc. doz.	31 »	41 50	43 50	45 50	47 50	49 50	52 50	54 50
— à thé, — —	Tea — —	21 »	29 25	30 85	32 15	34 »	35 65	38 »	41 25
— à café, — —	Coffee — —	21 »	25 75	27 15	28 55	30 »	31 85	33 15	34 95
Tasses à café, carrées, 1re —	Square coffee c. & s. 1st —	10 25	13 70	14 90	16 30	17 70	19 10	21 20	24 »
— — 2e —	— — 2d —	9 »	12 »	13 20	14 30	15 00	16 80	18 90	21 »

FORME CRISTAL	PORCELAINES DÉCORÉES H fr. c.	I fr. c.	K fr. c.	L fr. c.	M fr. c.	N fr. c.	O fr. c.	FORMA CRISTAL	FORM CRISTAL
Théière pour 12 pièce.	12 »	12 75	13 60	14 60	15 75	17 »	18 90	Tetera para 12 pieza.	Theekanne für 12 Stück.
Sucrier — — —	9 75	10 35	11 »	11 85	12 75	13 75	15 25	Azucarero — 12 —	Zuckerdose — 12 —
Crémier — — —	7 75	8 20	8 70	9 30	10 »	10 75	11 60	Lechera — 12 —	Milchgiesser — 12 —
Bol, —	4 40	4 85	5 35	6 »	6 65	7 40	8 75	Bol, —	Bol, —
Tasses à déjeuner et souc. douz.	61 50	67 50	74 50	82 50	91 50	101 50	116 50	Taza pª almuerzo y plat. doc.	Frühstück Tasse m. Untert. Dtz.
— à thé, — —	45 25	50 »	55 65	62 »	69 25	77 25	89 25	— de te — —	Thee — — —
— à café, — —	39 75	44 »	48 85	54 15	60 75	67 75	78 25	— de cafe — —	Kaffee — — —
Tasses à café, carrées, 1re —	27 50	31 70	36 00	42 20	48 50	55 70	66 »	— — cuerda 1ª —	— Tasse carré, 1 Wahl —
— — 2e —	24 »	27 60	31 80	36 00	42 »	48 »	57 »	— — — 2ª —	— — — 2 W. —

DÉCOR INDIEN, OR MAT REHAUSSÉ D'ÉMAUX.

N° 409 A Tarif S T (pages 60 à 63).

Crémier cristal. Sucrier cristal. Théière cristal.

Tasse à café carrée. Tasse à café cristal. Tasse à thé cristal. Tasse à déjeuner cristal. Bol cristal.

TÊTE A TÊTE

DOUBLE DÉJEUNER SETS — SERVICIOS DE TÊTE A TÊTE

TÊTE A TÊTE SERVICE

FORMES BOULE & ROSE	BOULE & ROSE SHAPES	Blanc	PORCELAINES DÉCORÉES A	B	C	D	E	F	G	H	I	K	L	M	N	O	FORMAS BOULE Y ROSE	FORM BOULE & ROSE
		fr. c.	fr. c.	fr. c.	fr. c.	fr. c.	fr. c.	fr. c.	fr. c.	fr. c.	fr. c.	fr. c.	fr. c.	fr. c.	fr. c.	fr. c.		
Théière pour 1 pièce	Tea pot for 1 each.	1 25	2 50	2 60	2 70	2 80	2 90	3 05	3 25	3 50	3 80	4 15	4 55	5 »	5 50	6 25	Tetera para 1 pieza.	Theetopf für 1 Stück
Sucrier — 1 —	Sugar — 1 —	» 90	1 75	1 85	1 90	2 »	2 05	2 20	2 35	2 50	2 70	2 95	3 25	3 60	4 »	4 55	Azucarero — 1 —	Zuckerdose — 1 —
Crémier — 1 —	Cream — 1 —	» 60	1 25	1 30	1 35	1 40	1 45	1 50	1 65	1 75	1 90	2 05	2 25	2 50	2 75	3 10	Lechera — 1 —	Milchguss — 1 —
Plateau —	Stand —	3 25	3 75	4 10	4 45	4 80	5 05	5 65	6 40	7 25	8 30	9 50	10 90	12 50	14 25	16 85	Baja —	Brett —
Tête-à-tête complet, boule, —	Boule set complete —	7 15	10 65	11 45	12 25	13 05	13 85	15 05	16 65	18 65	21 05	23 85	27 05	30 65	34 65	40 05	Servicio completo, boule, —	Service complet, boule, —
— — rose, —	Rose — —	7 15	11 »	11 80	12 55	13 35	14 10	15 40	16 85	18 75	21 05	23 75	26 85	30 35	34 25	40 05	— — rose, —	— rose, —
FORME PAPILLONS	BUTTERFLY SHAPE																FORMA MARIPOSA	FORM SCHMETTERLING
Théière pour 1 pièce.	Tea pot for 1 each.	1 75	3 50	3 60	3 70	3 80	3 90	4 05	4 25	4 50	4 80	5 15	5 55	6 »	6 50	7 25	Tetera para 1 pieza.	Theetopf für 1 Stück
Sucrier — 1 —	Sugar — 1 —	1 25	2 75	2 85	2 90	3 »	3 05	3 20	3 35	3 50	3 75	4 »	4 25	4 65	5 »	5 55	Azucarero — 1 —	Zuckerdose — 1 —
Crémier — 1 —	Cream — 1 —	» 90	2 »	2 05	2 10	2 15	2 20	2 25	2 40	2 50	2 65	2 80	3 »	3 25	3 50	3 90	Lechera — 1 —	Milchguss — 1 —
Tasse à soucoupe, —	Cup & saucer —	» 80	1 15	1 25	1 30	1 55	1 65	1 80	2 10	2 40	2 80	3 20	3 70	4 30	4 90	5 85	Tasa y platillo —	Tasse mit Untertasse, —
Plateau —	Stand —	3 25	3 75	4 10	4 45	4 80	5 05	5 65	6 40	7 25	8 30	9 50	10 90	12 50	14 25	16 85	Baja —	Brett —
Tête-à-tête complet —	Set complete	8 75	11 30	15 10	15 90	16 70	17 50	18 70	20 30	22 30	24 70	27 50	30 70	34 30	38 30	41 30	Servicio completo —	Service complet.
FORME YEDO	YEDO SHAPE																FORMA YEDO	FORM YEDO
Théière pour 1 pièce.	Tea pot for 1 each.	3 50	6 »	6 15	6 30	6 45	6 60	6 85	7 15	7 50	7 95	8 50	9 10	9 75	10 50	11 65	Tetera para 1 pieza.	Theetopf für 1 Stück.
Sucrier — 1 —	Sugar — 1 —	3 »	5 »	5 10	5 20	5 30	5 40	5 55	5 75	6 »	6 20	6 65	7 05	7 50	8 »	8 75	Azucarero — 1 —	Zuckerdose — 1 —
Crémier — 1 —	Cream — 1 —	2 50	4 »	4 10	4 15	4 25	4 30	4 40	4 55	4 75	5 »	5 25	5 55	5 90	6 25	6 80	Lechera — 1 —	Milchguss — 1 —
Tasse à soucoupe —	Cup & saucer —	2 »	3 »	3 15	3 25	3 40	3 50	3 70	3 95	4 25	4 65	5 05	5 55	6 15	6 75	7 70	Tasa y platillo —	Tasse mit Untertasse, —
Plateau —	Stand —	6 »	9 »	9 40	9 80	10 20	10 60	11 20	12 [illegible]	13 [illegible]	14 20	15 60	17 20	19 »	21 »	24 »	Baja —	Brett —
Tête-à-tête complet	Set complete	19 »	30 »	31 »	31 95	32 95	33 90	35 35	37 30	39 75	42 70	45 40	50 [illegible]	54 40	59 25	66 75	Servicio completo —	Service complet

FORME BOULE

Décor numéro 2105; tarif C

FORME ROSE

Anses et reliefs coloriés; tarif A

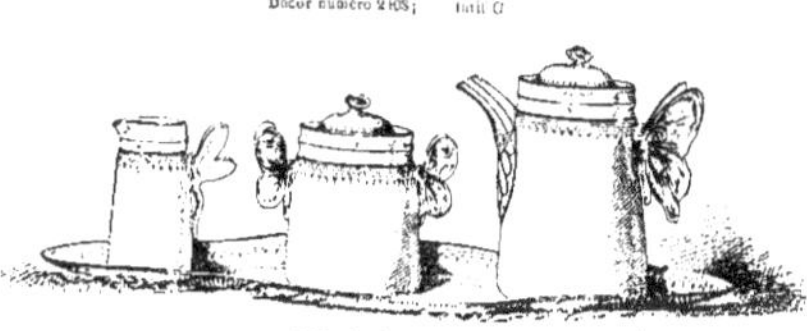

FORME PAPILLONS

Décor numéro 2181; tarif L

FORME YEDO

Décor numéro 2118; tarif M.

SOLITAIRES ET GARNITURES DE BOUDOIR

SINGLE DEJEUNER SETS AND BOUDOIR SETS — SOLITARIOS Y NECESSARIOS DE « BOUDOIR »

SOLITAIRE UND TOILETT GARNITUREN

SOLITAIRES	SINGLE DEJEUNERS	Porcelaine blanche	A	B	C	D	E	F	G	H	I	K	L	M	N	O	SOLITARIOS	SOLITAIRE
			PORCELAINES DÉCORÉES															
FORME MONACO	MONACO SHAPE	fr. c.	fr. c.	fr. c.	fr. c.	fr. c.	fr. c.	fr. c.	fr. c.	fr. c.	fr. c.	fr. c.	fr. c.	fr. c.	fr. c.	fr. c.	FORMA MONACO	FORM MONACO
Sucrier pour 1, pièce.	Sugar for 1, each.	» 60	1 20	1 25	1 30	1 35	1 15	1 45	1 60	1 70	1 85	2 »	2 25	2 15	2 70	3 15	Azucarero para 1, pieza	Zuckerdose für 1, Stück
Crémier — — —	Cream — — —	» 40	» 90	» 95	1 »	1 05	1 10	1 35	1 50	1 60	1 55	1 70	1 90	2 35	2 40	2 50	Lechera — — —	Milchgiesser — — —
Tasse & souc. à café, unie, —	Coffee cup & saucer, —	» 70	» 90	1 »	1 10	1 20	1 20	1 15	1 65	1 70	2 00	2 35	2 35	3 30	3 90	4 65	Taza y platillo, —	Kaffee tasse mit unter, —
Plateau —	Stand, —	1 75	2 »	2 15	2 30	2 45	2 65	2 55	3 15	3 50	3 65	4 [illegible]	5 05	5 75	6 50	7 65	Bojá, —	Brett, —
Solitaire complet	Dejeuner complete,	3 45	5 »	5 35	5 70	6 65	6 10	6 50	7 65	8 50	9 55	10 75	12 15	13 75	15 50	18 15	Solitario completo,	Solitaire complet.
FORME PAPILLONS	BUTTERFLY SHAPE																FORMA MARIPOSAS	FORM SCHMETTERLING
Théière pour 1, pièce.	Tea pot for 1, each.	1 50	3 »	3 10	3 15	3 25	3 30	3 45	3 60	3 75	4 »	4 20	4 50	4 85	5 25	5 80	Tetera para 1, pieza.	Theetopf für 1, Stück.
Sucrier — — —	Sugar — — —	1 »	2 25	2 35	2 20	2 45	2 55	2 60	2 75	2 85	3 10	3 25	3 60	3 90	4 25	4 75	Azucarero — — —	Zuckerdose — — —
Crémier — — —	Cream — — —	» 75	1 60	1 65	1 70	1 75	1 80	1 85	2 »	2 10	2 25	2 40	2 70	2 85	3 10	3 50	Lechera — — —	Milchgiesser — — —
Tasse à café, —	Cup & saucer, —	» 80	1 15	1 25	1 30	1 55	1 65	1 80	2 40	2 40	2 80	3 20	3 70	4 50	4 90	5 85	Taza y platillo, —	Tasse mit Untertasse, —
Plateau, —	Stand, —	1 75	2 »	2 15	2 30	2 45	2 60	2 80	3 15	3 50	3 95	4 15	5 05	5 75	6 35	7 65	Bojá, —	Brett, —
Solitaire complet,	Dejeuner complete,	5 80	10 »	10 45	10 90	11 55	11 80	12 50	13 40	14 50	15 85	17 15	19 25	21 25	23 50	26 90	Solitario completo,	Solitaire complet,
GARNITURES DE BOUDOIR FORME UNIE	BOUDOIR SETS PLAIN SHAPE																NECESARIOS DE « BOUDOIR » FORMA LISA	TOILETT GARNITUREN GLATTE FORM
Boîte à houppe, pièce.	Puff box, each.	» 90	1 35	1 45	1 55	1 65	1 75	1 90	2 10	2 35	2 65	3 »	3 40	3 85	4 35	5 10	Caja para polvos, pieza.	Puderdose, Stück.
Pot à pâte, —	Pomade, —	» 60	» 90	1 »	1 05	1 15	1 20	1 35	1 50	1 65	1 90	2 10	2 40	2 75	3 15	3 70	Pote — pomada, —	Pomade topf, —
Boîte à épingles, —	Pin box, —	» 50	» 80	» 90	» 95	1 05	1 10	1 25	1 30	1 55	1 80	2 05	2 30	2 65	3 05	3 40	Cajita de alfileres, —	Nadeldose, —
Porte-bagues, —	Ring stand, —	» 40	» 65	» 70	» 75	» 80	» 85	» 90	1 05	1 15	1 20	1 45	1 65	1 90	2 15	2 55	Sortijero, —	Ringschale, —
Plateau à épingles, —	Pin tray, —	» 40	» 50	» 55	» 60	» 65	» 70	» 75	» 80	1	1 15	1 30	1 50	1 75	2 »	2 10	Platillo de alfileres, —	Nadelschale, —
— à brosses, —	Stand, —	1 75	2 »	2 15	2 30	2 45	2 60	2 80	3 15	3 50	3 95	4 35	5 05	5 75	6 50	7 65	— de cepillos, —	Bürst. —, —
Garniture complète, 7 pièces.	Set complete, 7 pieces.	5 15	7 10	7 70	8 25	8 85	9 40	10 20	11 45	12 85	14 60	16 95	18 85	21 45	24 30	28 65	Juego completo, 7 piezas.	Garnitur complet, 7 Stück.
FORME PAPILLONS	BUTTERFLY SHAPE																FORMA MARIPOSAS	FORM SCHMETTERLING
Boîte à houppe, pièce.	Puff box, each	1 15	1 70	2 »	2 10	2 20	2 30	2 45	2 65	2 90	3 20	3 55	3 95	4 30	4 90	5 65	Caja para polvos, pieza.	Puderdose, Stück
Pot à pâte, —	Pomade, —	» 80	1 35	1 15	1 15	1 35	1 40	1 55	1 80	2 05	2 30	2 55	2 80	3 15	3 55	4 10	Pote — pomada, —	Pomade topf, —
Boîte à épingles, —	Pin box, —	» 70	1 20	1 30	1 25	1 15	1 20	1 35	1 60	1 95	2 20	2 35	2 50	3 05	3 15	4 »	Cajita de alfileres, —	Nadeldose, —
Porte-bagues, —	Ring stand, —	» 40	» 65	» 70	» 75	» 80	» 85	» 90	1 05	1 15	1 30	1 45	1 65	1 90	2 15	2 55	Sortijero, —	Ringschale, —
Plateau à épingles, —	Pin tray, —	» 40	» 50	» 55	» 60	» 65	» 70	» 75	» 90	1 »	1 15	1 30	1 50	1 75	2 »	2 10	Platillo de alfileres, —	Nadelbrett, —
— à brosses, —	Stand, —	1 75	2 »	2 15	2 30	2 45	2 60	2 80	3 15	3 50	3 95	4 45	5 05	5 75	6 50	7 65	— cepillos, —	Bürsten —, —
Garniture complète, 7 pièces.	Set complete, 7 pieces.	6 »	8 85	9 45	10 »	10 50	11 15	12 05	14 20	14 60	16 35	18 35	20 60	23 20	26 10	30 10	Juego completo, 7 piezas.	Garnitur complet, 7 Stück.

SOLITAIRE MONACO

Décor nº 2301; tarif G H.

SOLITAIRE PAPILLONS

Décor nº 2281; tarif N.

GARNITURE DE BOUDOIR UNIE

Décor nº 301-A; tarif M.

GARNITURE DE BOUDOIR PAPILLONS

Décor nº 2188; tarif L.

SERVICES A TOILETTTE

TOILET WARE — JUEGOS PARA TOCADOR — TOILETT GARNITUR

FORME OVIDE		OVIDE SHAPE		Blanc	PORCELAINES DÉCORÉES															FORMA OVID		FORM OVIDE	
				fr. c.	A fr. c.	B fr. c.	C fr. c.	D fr. c.	E fr. c.	F fr. c.	G fr. c.	H fr. c.	I fr. c.	K fr. c.	L fr. c.	M fr. c.	N fr. c.	O fr. c.				
Pot à eau,	pièce	Ewer,	each	4 50	6 »	6 35	6 70	7 »	7 40	7 90	8 65	9 70	10 55	11 75	13 15	14 75	16 50	19 15	Jarro de agua,	pieza	Wasser kanne,	stück
Cuvette 13½ pouces,	—	Basin 13½ inches,	—	4 50	5 75	6 10	6 45	6 80	7 15	7 65	8 40	9 25	10 30	11 30	12 90	14 50	16 25	18 90	Jofaina 13½ pouces,	—	— schale 13½ pouces,	—
— 12½ —	—	— 12½ —	—	3 50	4 50	4 80	5 10	5 40	5 70	6 15	6 55	7 50	8 40	9 45	10 65	12 »	13 50	15 75	— 12½ —	—	— — 12½ —	—
— 9 —	—	— 9 —	—	2 »	2 50	2 70	2 90	3 10	3 30	3 60	4 »	4 50	5 10	5 80	6 00	7 50	8 50	10 »	— 9 —	—	— — 9 —	—
Boîte à savon,	—	Soap box,	—	» 90	1 40	1 60	1 75	2 »	2 10	2 40	2 75	3 15	3 70	4 25	5 »	5 75	6 65	8 »	Caja de jabon,	—	Seifen dose,	—
— à brosse,	—	Brush tray,	—	» 90	1 40	1 60	1 75	2 »	2 10	2 40	2 75	3 15	3 70	4 25	5 »	5 75	6 65	8 »	— cepilla,	—	Borsten —	—
Pot à brosse,	—	— vase	—	» 90	1 10	1 20	1 30	1 40	1 50	1 65	1 85	2 10	2 40	2 75	3 15	3 60	4 10	4 85	Jarrito de —	—	— topf,	—
Pot rince-bouche,	—	Mouth ewer,	—	1 75	2 50	2 65	2 80	3 »	3 10	3 30	3 65	4 »	4 45	5 »	5 55	6 25	7 »	8 15	Jarrito,	—	Mund spültopf,	—
Tasse —	—	Mug,	—	» 40	» 50	» 60	» 65	» 75	» 80	» 90	1 05	1 25	1 50	1 75	2 »	2 40	2 75	3 30	Taza,	—	— tasse,	—
Bol à éponge, à grille,	—	Sponge bowl & dr.,	—	2 25	2 80	3 »	3 20	3 40	3 60	3 90	4 30	4 80	5 40	6 10	6 90	7 80	8 90	10 30	Bol para esponja,	—	Schwamm schale m. gitter,	—
Bol à barbe,	—	Shaving, —	—	» 70	» 75	» 85	» 90	1 »	1 05	1 15	1 30	1 50	1 75	2 »	2 30	2 65	3 »	3 55	— — barba,	—	Bart schale,	—
Boîte à houppe,	—	Puff box,	—	» 90	1 35	1 45	1 55	1 65	1 75	1 90	2 10	2 35	2 65	3 »	3 40	3 85	4 35	5 10	Caja — polvos,	—	Puder dose,	—
Pot à pâte,	—	Pomade box,	—	» 60	» 90	1 »	1 05	1 15	1 20	1 30	1 45	1 65	1 90	2 15	2 45	2 80	3 15	3 70	— — pastas,	—	Pomade topf,	—
Pot de nuit couvert,	—	Covered chamber,	—	4 50	6 »	6 50	7 »	7 50	8 »	8 75	9 55	11 »	12 50	14 25	16 25	18 50	21 »	24 75	Orinal cubierto,	—	Nacht topf gedeckt,	—
— — sans couvercle	—	Uncovered —	—	3 50	4 50	4 80	5 10	5 40	5 70	6 15	6 75	7 50	8 40	9 45	10 65	12 »	13 50	15 75	— sin tapa,	—	— — ohne deckel,	—

DÉCOR NUMÉRO 2391

Lith. II.

Bol à barbe — Bol à éponge — Boîte à brosses — Pot à brosses — Pot à pâte — Boîte à savon — Tasse rince bouche — Pot rince bouche — Pot de Cuvette — Pot de nuit

SERVICES A TOILETTE

TOILET WARE — JUEGOS PARA TOCADOR — TOILETT GARNITUR

FORME ANGLAISE		ENGLISH SHAPE		Porcelaine blanche	A	B	C	D	E	F	G	H	I	K	L	M	N	O	FORMA INGLESA		ENGLISCHE FORM	
					PORCELAINES DÉCORÉES																	
				fr. c.	fr. c.	fr. c.	fr. c.	fr. c.	fr. c.	fr. c.	fr. c.	fr. c.	fr. c.	fr. c.	fr. c.	fr. c.	fr. c.	fr. c.				
Pot à eau,	pièce	Ewer,	each	5 »	7 »	7 40	7 80	8 20	8 60	9 20	10 »	11 »	12 20	13 65	15 20	17 »	19 »	22 »	Jarra de agua,	pieza	Wasser kanne,	Stück
Cuvette, 11 pouces,	—	Basin, 11 inches,	—	6 »	7 »	7 40	7 80	8 20	8 60	9 20	10 »	11 »	12 20	13 60	15 20	17 »	19 »	22 »	Jofaina 11 pulgas,	—	— Schale 11 Zoll,	—
Boîte à savon, ronde,	—	Round soap box,	—	1 25	2 »	2 20	2 30	2 60	2 80	3 10	3 50	4 »	4 60	5 30	6 10	7 »	8 »	9 50	Caja de jabon redonda,	—	Seifen dose rund,	—
— à brosse, ovale,	—	Oval brush tray,	—	1 25	2 »	2 20	2 40	2 60	2 80	3 10	3 50	4 »	4 60	5 30	6 10	7 »	8 »	9 50	— cepillo, oval,		Buersten — oval,	—
— à savon, carrée,	—	Square soap box,	—	1 25	2 25	2 15	2 65	2 85	3 05	3 35	3 75	4 25	4 85	5 55	6 35	7 25	8 25	9 75	— jabon, cuadra,	—	Seifen — Viereckig,	—
— à brosse, —	—	— brush tray,	—	1 25	2 25	2 45	2 65	2 85	3 05	3 35	3 75	4 25	4 85	5 55	6 35	7 25	8 25	9 75	— cepillo, —	—	Buersten — —	—
Pot à brosse	—	Brush vase,	—	1 25	2 »	2 10	2 20	2 30	2 40	2 55	2 75	3 »	3 30	3 65	4 05	4 50	5 »	5 75	Jarrita —	—	— Topf,	—
Pot, rince-bouche,	—	Mouth ewer,	—	2 »	3 25	3 40	3 55	3 70	3 85	4 05	4 40	4 75	5 20	5 70	6 30	7 »	7 75	8 90	Jarrito,	—	Mund spülkopf,	—
Tasse, —	—	Mug,	—	» 70	» 90	1 »	1 05	1 15	1 20	1 30	1 45	1 65	1 90	2 15	2 15	2 80	3 15	3 70	Taza,	—	— Tasse,	—
Bol à éponge, à grille,	—	Sponge-bowl and dr.,	—	2 25	2 80	3 »	3 20	3 40	3 60	3 90	4 30	4 80	5 40	6 10	6 90	7 80	8 80	10 30	Bol pª esponja,	—	Schwamm Schale mit gitter,	—
— à barbe,	—	Shaving bowl,	—	» 50	» 75	» 85	» 90	1 »	1 05	1 15	1 30	1 50	1 75	2 »	2 30	2 65	3 »	3 35	— barba,	—	Bart —	—
Boîte à houppe,	—	Puff box,	—	» 90	1 25	1 45	1 55	1 65	1 75	1 90	2 10	2 35	2 65	3 »	3 40	3 85	4 35	5 10	Caja pª polvos,	—	Puder dose,	—
Pot à pommade,	—	Pomade,	—	» 60	» 90	1 »	1 05	1 15	1 20	1 30	1 45	1 65	1 90	2 15	2 45	2 80	3 15	3 70	Pote — pomada,	—	Pomade topf,	—
Pot de nuit, couvert,	—	Covered chamber,	—	5 »	7 50	8 »	8 50	9 »	9 50	10 25	11 25	12 50	14 »	15 75	17 75	20 »	22 50	26 25	Orinal, cubierta,	—	Nacht topf gedeckt,	—
— sans couvercle	—	Uncovered —	—	4 »	5 »	5 25	5 70	6 05	6 40	6 90	7 65	8 50	9 55	10 80	12 20	13 75	15 50	18 15	— sin tapa,	—	— — ohne deckel,	—

DÉCOR POIS DE SENTEUR ET BORD OR

Numéro 2250, tarif H.

SERVICES A TOILETTE

TOILET WARE — JUEGOS PARA TOCADOR

TOILETT GARNITUR

FORME NORMANDE		NORMAND SHAPE		Blanc	A	B	C	D	E	F	G	H	I	K	L	M	N	O	FORMA NORMANDA		NORMANISCHE FORM	
				fr. c.	fr. c.	fr. c.	fr. c.	fr. c.	fr. c.	fr. c.	fr. c.	fr. c.	fr. c.	fr. c.	fr. c.	fr. c.	fr. c.	fr. c.				
Pot à eau,	pièce	Ewer,	each,	5 »	7 »	7 10	7 80	8 20	8 60	9 20	10 »	11 »	12 20	13 60	15 20	17 »	19 »	22 »	Jarro de agua,	pieza	Wasser kanne,	stück
Cuvette 46 pouces,	—	Basin 46 pouces,	—	12 »	15 »	15 70	16 40	17 10	17 80	18 85	21 25	22 »	24 10	26 55	29 35	32 50	36 »	41 25	Jofaina 46 pouces,	—	— schale 46 pouces,	—
— 41 —	—	— 41 —	—	6 »	7 »	7 10	7 80	8 20	8 60	9 20	10 »	11 »	12 20	13 60	15 20	17 »	19 »	22 »	— 41 —	—	— — 41 —	—
Boîte à savon ronde,	—	Round soap box,	—	1 25	2 »	2 20	2 40	2 60	2 80	3 10	3 50	4 »	4 60	5 30	6 10	7 »	8 »	9 50	Caja de jabon, redonda,	—	Seifen dose rund,	—
— à brosse, ovale,	—	Oval brush tray,	—	1 25	2 »	2 20	2 40	2 60	2 80	3 10	3 50	4 »	4 60	5 30	6 10	7 »	8 »	9 50	— cepillo oval,	—	— — oval,	—
— à savon carrée,	—	Square soap box,	—	1 25	2 25	2 45	2 65	2 85	3 05	3 35	3 75	4 25	4 85	5 55	6 35	7 25	8 25	9 75	— de jabon cuadra,	—	— — viereckig,	—
— à brosse, —	—	— brush tray,	—	1 25	2 25	2 45	2 65	2 85	3 »	3 35	3 75	4 25	4 85	5 55	6 35	7 25	8 25	9 75	— — cepillo,	—	Bürsten — —	—
Pot à brosse,	—	Brush vase,	—	1 25	2 »	2 10	2 20	2 30	2 40	2 55	2 75	3 »	3 40	3 65	4 »	4 50	5 »	5 75	Jarrito de —	—	— topf,	—
Pot rince-bouche,	—	Mouth ewer,	—	2 »	3 25	3 40	3 55	3 70	3 85	4 »	4 40	4 75	5 20	5 70	6 30	7 »	7 75	8 90	Jarrito,	—	Mund spültopf,	—
Tasse —	—	Mug,	—	» 50	» 90	1 »	1 05	1 15	1 20	1 30	1 45	1 65	1 90	2 15	2 45	2 80	3 15	3 70	Taza,	—	— tasse,	—
Bol à éponge à grille,	—	Sponge bowl & dr.,	—	2 25	2 80	3 »	3 20	3 40	3 60	3 90	4 30	4 80	5 40	6 10	6 90	7 80	8 80	10 30	Bol para esponja,	—	Schwamm schale m. gitter,	—
Bol à barbe,	—	Shaving —	—	» 50	» 75	» 85	» 90	1 »	1 05	1 15	1 30	1 50	1 75	2 »	2 30	2 65	3 »	3 55	— barba,	—	Bart —	—
Boîte à houppe,	—	Puff box,	—	» 90	1 35	1 45	1 55	1 65	1 75	1 90	2 10	2 35	2 65	3 »	3 40	3 85	4 35	5 10	Caja para polvos,	—	Puder dose,	—
Pot à pâte,	—	Pomade box,	—	» 60	» 90	1 »	1 05	1 15	1 20	1 30	1 45	1 65	1 90	2 15	2 45	2 80	3 15	3 70	— pastas,	—	Pomade topf,	—
Pot de nuit couvert,	—	Covered chamber,	—	5 »	7 50	8 »	8 50	9 »	9 50	10 25	11 25	12 50	14 »	15 75	17 75	20 »	22 50	26 25	Orinal cubierto,	—	Nacht topf gedeckt,	—
— sans couvercle,	—	Uncovered —	—	4 »	5 »	5 35	5 70	6 »	6 40	7 »	7 65	8 50	9 55	10 80	12 20	13 75	15 50	18 15	— sin tapa,	—	— ohne deckel,	—

DÉCOR PLANTES MARINES

Bord or, numéro 2293, Tarif M

SERVICES A TOILETTE

TOILET WARE — JUEGOS PARA TOCADOR — TOILETT GARNITUR

		Porcelaine blanche	PORCELAINES DÉCORÉES A	B	C	D	E	F	G	H	I	K	L	M	N	O		
JARRES A EAU SALE	SLOP JARS	fr. c.	fr. c.	fr. c.	fr. c.	fr. c.	fr. c.	fr. c.	fr. c.	fr. c.	fr. c.	fr. c.	fr. c.	fr. c.	fr. c.	fr. c.	JARRAS PARA AGUAS SUCIAS	BEHÄLTER FÜR SCHMUTZIGES
Jarre extra, pièce.	Extra, each.	18 »	23 »	24 »	25 »	26 »	27 »	28 50	30 50	33 »	36 »	39 50	43 50	48 »	53 »	60 50	Extra, pieza.	Extra, stück.
— 1re, —	1st, —	15 »	20 »	20 90	21 80	22 70	23 60	24 95	26 75	29 »	31 70	34 85	38 45	42 50	47 »	53 75	1a, —	1ste, —
BAINS DE PIED	FOOT BATHS																BAÑOS DE PIÉS	FUSSBÄDER
Bain de pied extra, pièce.	Extra, each.	35 »	38 »	40 20	41 40	42 60	43 80	45 60	48 »	51 »	54 60	58 80	63 60	69 »	75 »	81 »	Extra, pieza.	Extra, stück.
— — 1re, —	1st, —	31 »	32 »	33 10	34 20	35 30	36 40	38 05	40 25	43 »	46 30	50 15	54 55	59 50	65 »	72 25	1a, —	1ste, —
SAVONNETTES	SOAP BLOCKS																PLATILLOS Pa JABON	SEIFEN DOSER OHNE DECKEL
Savonnette unie, pièce.	Plain, each.	» 30	» 35	» 45	» 55	» 65	» 75	» 90	1 10	1 35	1 65	2 »	2 40	2 85	3 35	4 10	Lisa, pieza.	Glatt, stück.
— rocaille, —	Embossed, —	» 40	» 45	» 55	» 65	» 75	» 85	1 »	1 20	1 45	1 75	2 10	2 50	2 95	3 45	4 20	Rocalla, —	Rocaille, —
— à prismes, —	Prisms, —	» 45	» 55	» 65	» 75	» 85	» 95	1 10	1 30	1 55	1 85	2 20	2 60	3 05	3 55	4 30	Prisma, —	Mit prismen, —
— à grille, —	With drainer, —	» 55	» 65	» 75	» 85	» 95	1 05	1 20	1 40	1 65	2 »	2 30	2 70	3 15	3 65	4 40	Agujerada, —	— gitter, —

Bain de pied 1re.

Savonnette unie.

Savonnette rocaille.

Savonnette à prismes.

Jarre à eau sale.

Bain de pied extra.

Savonnette à grille.

BIBERONS, BOLS A PUNCH, PLATEAUX DE THEIÈRES, BROCS

PAP BOATS, PUNCH BOWLS, JUG STANDS, TEA TRIERS, JUGS — BEBERRONES, BOL PARA PUNCH, PLATILLOS DE TETERA, COLODRAS

SANG NAPF, PUNCH BOWLE, THEETOPF PLATEAU, KANNE

		Porcelaine blanche	PORCELAINES DÉCORÉES															
			A	B	C	D	E	F	G	H	I	K	L	M	N	O		
BIBERONS	PAP BOATS	fr. c.	fr. c.	fr. c.	fr. c.	fr. c.	fr. c.	fr. c.	fr. c.	fr. c.	fr. c.	fr. c.	fr. c.	fr. c.	fr. c.	fr. c.	BEBERRONES	SANG NAPF
Forme fleurette, pièce.	Fleurette, each.	» 75	1 25	1 35	1 45	1 55	1 65	1 80	2 »	2 25	2 55	2 90	3 30	3 75	4 25	5 »	Forma fleurette, pieza.	Fleurette form, stück.
— bol, —	With feeder bowl, —	1 50	2 30	2 40	2 50	2 60	2 70	2 85	3 05	3 30	3 60	4 »	4 35	4 80	5 30	6 »	— bol, —	Bol, —
BOLS A PUNCH	PUNCH BOWLS																BOL PARA PONCHE	PUNCH BOWLE
à pied 12 pouces, pièce.	Round on foot 12 inches, each.	6 »	7 »	7 60	8 20	8 80	9 40	10 30	11 50	13 »	14 80	16 90	19 50	22 »	25 »	29 50	Bol con pie 12 pulgadas, pieza.	Bol fuss 12 zoll, stück.
— 13 — —	— — 13 — —	9 »	10 50	11 30	12 10	12 90	13 80	14 90	16 50	18 50	20 90	23 70	26 90	30 50	31 50	40 50	— — 13 — —	— 13 — —
— 14 — —	— — 14 — —	13 »	15 »	16 »	17 »	18 »	19 »	20 50	22 50	25 »	28 »	31 50	35 50	40 »	45 »	52 50	— — 14 — —	— 14 — —
PLATEAUX de THEIÈRES	TEAPOT OR JUG STANDS																PLATILLOS de TETERA	PLATEAU FUR THEETOPF
Ronds, pièce.	Round, each.	» 60	» 70	» 80	» 85	» 90	1 »	1 10	1 20	1 30	1 65	1 80	2 10	2 40	2 70	3 20	Redondas, pieza.	Rund, stück.
ovales, —	Oval on 4 feet, —	1 75	3 »	3 10	3 20	3 30	3 40	3 55	3 75	4 »	4 30	4 65	5 »	5 50	6 »	6 75	Ovaladas, —	Oval, —
Carrés 1re, —	Square — 1st, —	2 »	3 50	3 60	3 70	3 80	3 90	4 »	4 25	4 50	4 80	5 15	5 55	6 »	6 50	7 25	Cuadradas 1a, —	Viereckig 1e, —
— 2e, —	— — 2d, —	4 »	6 »	6 15	6 50	6 15	6 60	6 85	7 15	7 50	8 »	8 50	9 10	9 75	10 50	11 65	— 2a, —	— 2e, —
ESSAYE-THÉ	TEA TRIERS																JICARA PARA GUSTAR EL TÉ	THEE VERSUCHER
Sans couvercle, pièce.	Uncovered, each.	» 60	» 70	» 75	» 80	» 85	» 90	1 »	1 10	1 20	1 35	1 55	1 75	2 »	2 20	2 60	Sin tapa, pieza.	Ohne deckel, stück.
Couvert, —	Covered, —	1 20	1 40	1 50	1 60	1 70	1 80	2 »	2 15	2 40	2 70	3 »	3 45	3 90	4 40	5 15	Cubierta, —	Gedeckt, —
BROCS	JUGS																COLODRAS	KANNE
Forme ancre 1 litre, pièce.	Anchor 2 pints, each.	2 75	4 75	5 »	5 15	5 35	5 55	5 85	6 25	6 75	7 35	8 »	8 85	9 75	10 75	12 25	Forma ancla 1 litro, pieza.	Anker form 1 liter, stück.
— — 3/4 — —	— 1 1/2 — —	2 25	3 75	3 90	4 »	4 20	4 35	4 55	4 85	5 25	5 70	6 20	6 75	7 50	8 25	9 30	— — 3/4 — —	— — 3/4 — —
— — 1/2 — —	— 1 — —	1 75	2 90	3 »	3 15	3 25	3 40	3 60	3 85	4 15	4 50	5 »	5 15	6 »	6 65	7 60	— — 1/2 — —	— — 1/2 — —
— — 1/3 — —	— 2/3 — —	1 25	2 25	2 35	2 40	2 55	2 65	2 80	3 »	3 25	3 55	3 90	4 30	4 75	5 25	6 »	— — 1/3 — —	— — 1/3 — —
— — 1/4 — —	— 1/2 — —	1 »	1 85	2 »	2 10	2 20	2 25	2 40	2 60	2 85	3 15	3 50	3 90	4 35	4 85	5 60	— — 1/4 — —	— — 1/4 — —
— — 1/8 — —	— 1/4 — —	» 80	1 50	1 60	1 65	1 75	1 80	1 90	2 10	2 25	2 45	2 70	3 »	3 35	3 75	4 35	— — 1/8 — —	— — 1/8 — —
— — 1/16 — —	— 1/8 — —	» 60	1 20	1 25	1 30	1 35	1 40	1 45	1 55	1 70	1 85	2 »	2 20	2 45	2 70	3 »	— — 1/16 — —	— — 1/16 — —
Forme Vienne 6 oz —	Vienna shape 6 oz. —	» 70	1 20	1 30	1 35	1 45	1 50	1 60	1 75	2 »	2 20	2 45	2 75	3 10	3 45	4 »	Forma Viena 6 oz —	Wiener form 6 oz —
— — 3 1/2 — —	— — 3 1/2 — —	» 50	» 90	» 95	1 »	1 05	1 10	1 20	1 40	1 50	1 55	1 75	2 »	2 15	2 40	2 80	— — 3 1/2 — —	— — 3 1/2 — —

Brocs forme Vienne.

Biberon bol.

Biberon fleurette.

Plateau de théière.

Essaye-thé.

BROCS FORME ANCRE. — DÉCOR NUMÉRO 2396, TARIF L.

BROCS

JUGS COLODRAS

KANNE

FORME SÈVRES	SEVRES SHAPE	Blanc	A	B	C	D	E	F	G	H	I	K	L	M	N	O	FORMA SEVRES	FORM SEVRES
		fr. c.	fr. c.	fr. c.	fr. c.	fr. c.	fr. c.	fr. c.	fr. c.	fr. c.	fr. c.	fr. c.	fr. c.	fr. c.	fr. c.	fr. c.		
Brocs ovales n° 1 pièce	Oval jugs n° 1 each	3 25	5 75	5 95	6 15	6 35	6 55	6 85	7 25	7 75	8 35	9 05	9 85	10 75	11 75	13 25	Colodras oval n° 1 pieza	Kanne oval n° 1 Stück
— — 2 —	— — 2 —	2 50	4 75	4 90	5 05	5 20	5 35	5 60	5 85	6 25	6 70	7 20	7 80	8 50	9 25	10 30	— — 2 —	— — 2 —
— — 3 —	— — 3 —	2 »	3 90	4 »	4 15	4 25	4 40	4 60	4 85	5 15	5 50	5 95	6 45	7 »	7 65	8 60	— — 3 —	— — 3 —
— — 4 —	— — 4 —	1 50	3 »	3 10	3 20	3 30	3 40	3 55	3 75	4 »	4 30	4 65	5 05	5 50	6 »	6 75	— — 4 —	— — 4 —
— — 4½ —	— — 4½ —	1 »	2 15	2 25	2 35	2 45	2 55	2 70	2 90	3 15	3 45	3 80	4 20	4 65	5 15	5 90	— — 4½ —	— — 4½ —
— — 5 —	— — 5 —	» 85	1 70	1 80	1 85	1 95	2 »	2 10	2 30	2 45	2 60	2 95	3 20	3 50	3 95	4 15	— — 5 —	— — 5 —
FORME OVIDE	OVIDE SHAPE																FORMA OVIDE	FORM OVIDE
Brocs ovales n° 1 pièce	Oval jugs n° 1 each	3 25	5 25	5 45	5 65	5 85	6 05	6 30	6 75	7 25	7 85	8 55	9 35	10 25	11 25	12 75	Colodras oval n° 1 pieza	Kanne oval n° 1 Stück
— — 2 —	— — 2 —	2 50	4 25	4 40	4 55	4 70	4 85	5 10	5 40	5 75	6 20	6 70	7 30	8 »	8 75	9 90	— — 2 —	— — 2 —
— — 3 —	— — 3 —	2 »	3 25	3 35	3 50	3 65	3 75	3 95	4 20	4 50	4 90	5 30	5 80	6 35	7 »	7 95	— — 3 —	— — 3 —
— — 4 —	— — 4 —	1 50	2 55	2 60	2 70	2 80	2 90	3 05	3 25	3 50	3 80	4 15	4 55	5 »	5 50	6 25	— — 4 —	— — 4 —
— — 4½ —	— — 4½ —	1 »	1 80	1 90	2 »	2 10	2 20	2 35	2 55	2 80	3 10	3 45	3 85	4 30	4 80	5 55	— — 4½ —	— — 4½ —
— — 5 —	— — 5 —	» 80	1 40	1 50	1 55	1 65	1 70	1 80	2 »	2 15	2 35	2 60	2 90	3 25	3 65	3 85	— — 5 —	— — 5 —
— — 6 —	— — 6 —	» 65	1 15	1 20	1 25	1 30	1 35	1 40	1 50	1 65	1 80	2 »	2 15	2 40	2 65	3 »	— — 6 —	— — 6 —
— — 7 —	— — 7 —	» 50	» 85	» 90	» 95	1 »	1 05	1 10	1 20	1 35	1 50	1 70	1 85	2 10	2 35	2 70	— — 7 —	— — 7 —

FORME OVIDE — DÉCOR FIGURES ET ACCESSOIRES JAPONAIS

Sans filet au bord, numéro 2519, tarif G H. Avec fil couleur au bord, numéro 2550, tarif H. Avec bord or, numéro 2367, tarif H I.

112

FORME SÈVRES — DÉCOR BRANCHES ET OISEAUX

Sans filet au bord, numéro 2393, tarif D. Avec fil couleur au bord, numéro 2511, tarif E. Avec bord or, numéro 2512, tarif F.

BOUGEOIRS, FLAMBEAUX, BOITES A ALLUMETTES, ARTICLES DE FUMEURS

CANDLESTICKS, MATCH BOXES, SEGAR STANDS, ETC. — CANDELEROS, CAJAS DE FOSFOROS, PLATO DE CIGARROS, ETC.

LEUCHTER, STREICHHOLZ DOSEN, RAUCH ARTIKEL

		Porcelaine blanche	PORCELAINES DÉCORÉES A	B	C	D	E	F	G	H	I	K	L	M	N	O		
BOUGEOIRS	FLAT CANDLESTICKS	fr. c.	fr. c.	fr. c.	fr. c.	fr. c.	fr. c.	fr. c.	fr. c.	fr. c.	fr. c.	fr. c.	fr. c.	fr. c.	fr. c.	fr. c.	PALMATORIAS	HANDLEUCHTER
Unis à éteignoirs 1er pièce	Plain with extinguisher 1st each	1 30	1 90	2 »	2 20	2 35	2 50	2 70	3 »	3 30	3 85	4 35	5 »	5 65	6 40	7 55	Lisos y apagadores 1º pieza	Glatt mit Losch hut 1º Stück
— — 2e —	— — 2d —	1 15	1 75	1 85	2 »	2 10	2 20	2 10	2 65	3 »	3 35	3 75	4 27	4 85	5 45	6 45	— — 2º —	— — — — 2º —
— sans — 1er —	Plain 1st —	1 10	1 60	1 70	1 80	1 90	2 »	2 15	2 35	2 60	2 90	3 25	3 65	4 10	4 60	5 35	— sin — 1º —	— ohne — — 1º —
— — — 2e —	— 2d —	» 95	1 40	1 50	1 55	1 65	1 70	1 85	2 »	2 15	2 40	2 60	2 90	3 25	3 65	4 20	— — 2º —	— — — — 2º —
— — — 3e —	— 3d —	» 80	1 20	1 30	1 35	1 40	1 50	1 55	1 70	1 90	2 10	2 30	2 60	2 90	3 20	3 70	— — 3º —	— — — — 3º —
— — — 4e —	— 4th —	» 70	1 10	1 15	1 20	1 25	1 30	1 35	1 50	1 60	1 75	1 90	2 10	2 35	2 60	3 »	— — 4º —	— — — — 4º —
Papillons à éteignoirs 1er —	Butterfly & extinguisher 1st —	1 50	2 30	2 15	2 60	2 75	2 90	3 10	3 15	3 80	4 25	4 75	5 35	6 »	6 80	8 »	Mariposas y — 1º —	Schmetterling m. — — 1º —
— — 2e —	— — 2d —	1 35	2 10	2 25	2 35	2 50	2 60	2 80	3 »	3 35	3 75	4 15	4 65	5 25	5 85	6 80	— — 2º —	— — — 2º —
— sans — 1er —	— 1st —	1 20	1 80	1 90	2 »	2 10	2 20	2 35	2 55	2 80	3 10	3 45	3 85	4 30	4 80	5 55	— sin — 1º —	— ohne — — 1º —
— — — 2e —	— 2d —	1 05	1 60	1 70	1 75	1 85	1 90	2 »	2 20	2 35	2 60	2 80	3 10	3 45	3 85	4 40	— — 2º —	— — — 2º —
— — — 3e —	— 3d —	» 90	1 10	1 50	1 55	1 60	1 70	1 75	1 90	2 10	2 30	2 50	2 80	3 10	3 40	3 90	— — 3º —	— — — 3º —
— — — 4e —	— 4th —	» 80	1 30	1 35	1 40	1 45	1 50	1 55	1 70	1 80	2 »	2 10	2 30	2 55	2 80	3 20	— — 4º —	— — — 4º —
Éteignoirs unis, —	Plain extinguisher, —	» 15	» 20	» 25	» 25	» 30	» 35	» 40	» 45	» 55	» 65	» 75	» 90	1 05	1 20	1 45	Lisos apagadores, —	Losch hut glatt, —
— papillons, —	Butterfly —	» 25	» 40	» 45	» 45	» 50	» 55	» 60	» 65	» 75	» 85	» 95	1 10	1 25	1 40	1 65	Apagadores mariposas, —	— — Schmetterling, —
FLAMBEAUX	TALL CANDLESTICKS																CANDELEROS	LEUCHTER
Unis 7 pouces, pièce	Plain 7 pouces, each	1 10	1 60	1 70	1 80	1 90	2 »	2 15	2 35	2 60	2 90	3 25	3 65	4 10	4 60	5 35	Lisos 7 pouces, pieza	Glatt 7 pouces, Stück
— 5½ — —	— 5½ — —	» 80	1 20	1 30	1 35	1 45	1 50	1 65	1 80	2 »	2 20	2 45	2 70	3 »	3 45	4 »	— 5½ — —	— 5½ — —
— 4½ — —	— 4½ — —	» 50	» 80	» 85	» 90	» 95	1 »	1 10	1 20	1 30	1 45	1 60	1 85	2 »	2 30	2 70	— 4½ — —	— 4½ — —
BOITES A ALLUMETTES	MATCH BOXES																CAJAS DE FOSFOROS	STREICHHOLZ DOSEN
Couvertes unies, pièce	Covered plain, each	» 50	» 75	» 80	» 85	» 90	» 95	1 05	1 15	1 25	1 40	1 55	1 80	2 »	2 25	2 65	Cubiertas lisas, pieza	Mit Deckel glatt, Stück
— sur plateau, —	— on stand, —	1 25	2 »	2 10	2 20	2 30	2 40	2 55	2 75	3 »	3 30	3 65	4 »	4 50	5 »	5 75	— sobre plato, —	— — auf Brett, —
Blocs, —	Match blocks, —	» 50	» 60	» 65	» 70	» 75	» 80	» 90	1 »	1 10	1 25	1 40	1 65	1 85	2 10	2 50	Petreras, —	Block, —
— couverts, —	— covered, —	1 10	1 30	1 40	1 50	1 60	1 70	1 85	2 »	2 30	2 60	3 »	3 35	3 80	4 30	5 »	— cubiertas, —	— mit Deckel, —
ARTICLES DE FUMEURS	FOR SMOKERS																PARA FUMADORES	RAUCH ARTIKEL
Porte-cigares 1er pièce	Segar spills 1st each	» 75	1 »	1 10	1 15	1 25	1 30	1 40	1 55	1 75	2 »	2 25	2 55	2 90	3 25	3 60	Estante para cigarros 1º pieza	Cigarren halter 1º Stück
— 2e —	— — 2d —	» 50	» 75	» 80	» 85	» 90	» 95	1 05	1 15	1 25	1 40	1 60	1 80	2 »	2 25	2 65	— — — 2º —	— — 2º —
Pot à tabac, —	Tobacco box, —	2 50	3 25	3 50	3 75	4 »	4 25	4 65	5 15	5 75	6 40	7 40	8 40	9 70	10 75	12 65	Jarro — tabaco, —	Tabaks Topf, —
Plateau à cigares, —	Segar stand, —	6 »	8 50	9 10	9 70	10 30	10 90	11 80	13 »	14 50	16 30	18 30	20 80	23 50	26 50	31 »	Plato de cigarros, —	Cigaren Brett, —

Bougeoirs unis à éteignoirs. — Bougeoirs unis. — Bougeoirs papillon. — Boîte à allumettes sur plateau. — Boîte à allumettes unie — Boîte à allumettes papillon.

Flambeau — Pot à tabac, décor nº 2467 ; tarif I K — Plateau à cigares, décor nº 2400 ; tarif N O. — Boîte à allumettes couverte. — Bloc à allumettes.

CRACHOIRS, CUSPADORS, MUGS

SPITOONS: CUSPADORS, MUGS — ESCUPIDERAS, COSPADORS, MUGS

SPUCK NAPFE, CUSPADORS, MUGS

CRACHOIRS		SPITOONS		Blanc	A	B	C	D	E	F	G	H	I	K	L	M	N	O	ESCUPIDERAS		SPUCKNAPFE	
					PORCELAINES DÉCORÉES																	
				fr. c.	fr. c.	fr. c.	fr. c.	fr. c.	fr. c.	fr. c.	fr. c.	fr. c.	fr. c.	fr. c.	fr. c.	fr. c.	fr. c.	fr. c.				
à filet, 1re	pièce.	With beads 1st	each	1 85	2 25	2 45	2 65	2 85	3 »	3 35	3 75	4 25	4 85	5 55	6 35	7 25	8 25	9 75	De cabeza 1a	pieza.	Mit Kopfen 1ste	Stück.
— 2e	—	— — 2d	—	1 60	2 »	2 20	2 40	2 60	2 80	3 10	3 50	4 »	4 60	5 30	6 10	7 »	8 »	9 50	— 2a	—	— — 2te	—
Unis, 1re	—	Plain 1st	—	2 »	2 50	2 70	2 90	3 10	3 30	3 60	4 »	4 50	5 10	5 80	6 60	7 50	8 50	10 »	Lisas 1a	—	Glatt — 1ste	—
— 2e	—	— 2d	—	1 75	2 25	2 45	2 65	2 85	3 »	3 35	3 75	4 25	4 85	5 55	6 35	7 25	8 25	9 75	— 2a	—	— 2te	—
à anse,	—	Spit cup handled,	—	1 »	1 50	1 60	1 70	1 80	1 90	2 »	2 25	2 50	2 80	3 15	3 55	4 »	4 50	5 25	De manos,	—	Mit Griff,	—
CUSPADORS		CUSPADORS																	CUSPADORS		CUSPADORS	
Grand vase,	pièce.	Large size,	each.	10 »	13 »	12 80	11 60	15 40	16 20	17 40	19 »	21 »	23 40	26 20	29 40	33 »	37 »	43 »	Grande tam.,	pieza.	Grosse Vase,	Stück.
Cablé, 1re	—	Cable 1st	—	4 25	5 70	6 10	6 50	6 90	7 30	7 90	8 70	9 70	10 90	12 30	13 90	15 70	17 70	20 70	Cable 1a	—	Cabel 1ste	—
— 2e	—	— 2d	—	3 25	4 40	4 75	5 10	5 45	5 80	6 30	7 »	7 90	9 »	10 15	11 55	13 15	14 90	17 55	— 2a	—	— 2te	—
— 3e	—	— 3d	—	2 50	3 25	3 55	3 85	4 15	4 45	4 90	5 50	6 25	7 15	8 20	9 40	10 75	12 25	14 50	— 3a	—	— 3te	—
MUGS		MUGS																	MUGS		MUGS	
Unis 36 lignes,	pièce.	Plain 36 lignes,	each.	» 45	» 55	» 65	» 70	» 80	» 85	1 »	1 10	1 30	1 55	1 80	2 10	2 45	2 80	3 35	Lisos 36 lineas,	pieza	Glatt 36 Lignes,	Stück.
— 34 —	—	— 34 —	—	» 37	» 45	» 55	» 60	» 70	» 75	» 85	1 »	1 20	1 45	1 70	2 »	2 35	2 70	3 25	— 34 —	—	— 34 —	—
— 32 —	—	— 32 —	—	» 30	» 40	» 45	» 50	» 55	» 60	» 70	» 80	» 90	1 05	1 25	1 45	1 65	1 90	2 30	— 32 —	—	— 32 —	—
à pied 38 —	—	On foot 38 —	—	» 50	» 75	» 85	» 90	1 »	1 05	1 15	1 30	1 50	1 75	2 »	2 30	2 65	3 »	3 55	De pies 38 —	—	Mit Fuss 38 —	—
— 36 —	—	— 36 —	—	» 45	» 60	» 70	» 75	» 85	» 90	1 »	1 15	1 35	1 60	1 85	2 15	2 50	2 85	3 40	— 36 —		— 36 —	—
— 34 —	—	— 34 —	—	» 37	» 45	» 55	» 60	» 70	» 75	» 85	1 »	1 20	1 45	1 70	2 »	2 35	2 70	3 25	— 34 —	—	— 34 —	—
Godé,	—	Godé,	—	» 40	» 50	» 60	» 65	» 75	» 80	» 90	1 05	1 25	1 50	1 75	2 »	2 40	2 75	3 30	Godé,	—	Gode,	—
Cablé,	—	Cable,	—	» 50	» 90	1 »	1 05	1 15	1 20	1 30	1 45	1 65	1 90	2 15	2 45	2 80	3 15	3 70	Cable,	—	Cabel,	—
Filets,	—	Lines,	—	» 75	» 90	1 »	1 15	1 15	1 20	1 30	1 45	1 65	1 90	2 15	2 15	2 80	3 15	3 70	Listas,	—	Linien,	—

DÉCOR BRANCHES DE CHÊNE

Sans filet au bord, numéro 2510; tarif II pour services unis; tarif II pour services à festons.
Avec un fil couleur, — 2511 — II I ... 1 ...
— bord or — 2129 — I ... I K ...

PORCELAINES POUR HOTELS ET RESTAURANTS

HOTEL AND RESTAURANT WARE — PORCELANAS PARA FONDAS Y HOSTERIAS — PORZELLAN FUR HOTEL UND RESTAURATIONEN

DEMI-FORT		PRIX	HALF-THICK		PRICES	MEDIA-FUERTAS		PRECIOS	HALB-STARK		PREISE
		fr. c.			fr. c.			fr. c.			fr. c.
ASSIETTES			**PLATES**			**PLATOS**			**TELLER**		
Unies plates 9 pouces.	douzaine.	10 »	Plain flat 9 pouces.	dozen.	10 »	Lisos llanos, 9 pouces,	docena.	10 »	Glatt platt 9 pouces.	dutzend.	10 »
— — 8½ —	—	8 50	— — 8½ —	—	8 50	— — 8½ —	—	8 50	— — 8½ —	—	8 50
— — 8 —	—	7 50	— — 8 —	—	7 50	— — 8 —	—	7 50	— — 8 —	—	7 50
— — 7½ —	—	6 75	— — 7½ —	—	6 75	— — 7½ —	—	6 75	— — 7½ —	—	6 75
— — 6½ —	—	5 »	— — 6½ —	—	5 »	— — 6½ —	—	5 »	— — 6½ —	—	5 »
— creuses 9 —	—	10 »	— deep 9 —	—	10 »	— huecos, 9 —	—	10 »	— tiefe 9 —	—	10 »
— — 8½ —	—	8 50	— — 8½ —	—	8 50	— — 8½ —	—	8 50	— — 8½ —	—	8 50
— — 8 —	—	7 50	— — 8 —	—	7 50	— — 8 —	—	7 50	— — 8 —	—	7 50
— — 7½ —	—	6 75	— — 7½ —	—	6 75	— — 7½ —	—	6 75	— — 7½ —	—	6 75
— — 6½ —	—	5 »	— — 6½ —	—	5 »	— — 6½ —	—	5 »	— — 6½ —	—	5 »
— — 4½ —	—	3 10	— — 4½ —	—	3 10	— — 4½ —	—	3 10	— — 4½ —	—	3 10
PLATS			**DISHES**			**FUENTES**			**SCHUSSEL**		
Unis ronds 10 pouces.	pièce.	1 25	Plain round 10 pouces.	each.	1 25	Redondas, 10 pouces.	pieza.	1 25	Rund 10 pouces.	stück.	1 25
— — 11 —	—	1 75	— — 11 —	—	1 75	— 11 —	—	1 75	— 11 —	—	1 75
— — 12 —	—	2 50	— — 12 —	—	2 50	— 12 —	—	2 50	— 12 —	—	2 50
— ovales 6 —	—	» 60	— oval 6 —	—	» 60	Ovaladas, 6 —	—	» 60	Oval 6 —	—	» 60
— — 7 —	—	» 70	— — 7 —	—	» 70	— 7 —	—	» 70	— 7 —	—	» 70
— — 8 —	—	» 80	— — 8 —	—	» 80	— 8 —	—	» 80	— 8 —	—	» 80
— — 9 —	—	1 10	— — 9 —	—	1 10	— 9 —	—	1 10	— 9 —	—	1 10
— — 10 —	—	1 40	— — 10 —	—	1 40	— 10 —	—	1 40	— 10 —	—	1 40
— — 12 —	—	2 »	— — 12 —	—	2 »	— 12 —	—	2 »	— 12 —	—	2 »
— — 14 —	—	3 »	— — 14 —	—	3 »	— 14 —	—	3 »	— 14 —	—	3 »
— — 16 —	—	5 »	— — 16 —	—	5 »	— 16 —	—	5 »	— 16 —	—	5 »
— — 18 —	—	9 »	— — 18 —	—	9 »	— 18 —	—	9 »	— 18 —	—	9 »
Creux — 6 —	—	1 »	Oval bakers 6 —	—	1 »	Huecos ovales, 6 —	—	1 »	Tiefe oval, 6 —	—	1 »
— — 7 —	—	1 30	— — 7 —	—	1 30	— — 7 —	—	1 30	— — 7 —	—	1 30
— — 8 —	—	1 60	— — 8 —	—	1 60	— — 8 —	—	1 60	— — 8 —	—	1 60
Ronds à pudding 4 —	—	» 40	Round plain support 4 —	—	» 40	Fuentes p/ pudding 4 —	—	» 40	Puddingschussel rund 4 pouces.	—	» 40
— — 5 —	—	» 70	— — — 5 —	—	» 70	— — 5 —	—	» 70	— — — 5 —	—	» 70
— — 6 —	—	1 »	— — — 6 —	—	1 »	— — 6 —	—	1 »	— — — 6 —	—	1 »
— — 7 —	—	1 30	— — — 7 —	—	1 30	— — 7 —	—	1 30	— — — 7 —	—	1 30
— — 8 —	—	1 75	— — — 8 —	—	1 75	— — 8 —	—	1 75	— — — 8 —	—	1 75
— — 9 —	—	2 50	— — — 9 —	—	2 50	— — 9 —	—	2 50	— — — 9 —	—	2 50
RAVIERS			**PICKLES**			**RAVERITOS**			**RAVIERS**		
Parisien extra,	pièce.	1 »	Parisian extra,	each.	1 »	Parisiense extra,	pieza.	1 »	Pariser extra,	stück.	1 »
— 1er,	—	» 70	— 1st,	—	» 70	— 1ª	—	» 70	— 1e,	—	» 70
SALADIERS			**SALAD BOWLS**			**ENSALADERAS**			**SALATSCHUSSEL**		
Bas à côtes 8 pouces.	pièce.	1 75	Ribbed, low 8 pouces.	each.	1 75	De costillas bajas, 8 pouces,	pieza.	1 75	Mit rippen flach 8 pouces.	stück.	1 75
— — 9 —	—	2 10	— — 9 —	—	2 10	— — — 9 —	—	2 10	— — — 9 —	—	2 10
— — 10 —	—	2 50	— — 10 —	—	2 50	— — — 10 —	—	2 50	— — — 10 —	—	2 70
— unis 6 —	—	1 25	Plain — 6 —	—	1 25	Lisas bajas, 6 —	—	1 25	Glatt flach 6 pouces.	—	1 25
— — 7 —	—	1 50	— — 7 —	—	1 50	— — 7 —	—	1 50	— — 7 —	—	1 50
— — 8 —	—	1 75	— — 8 —	—	1 75	— — 8 —	—	1 75	— — 8 —	—	1 75
— — 9 —	—	2 10	— — 9 —	—	2 10	— — 9 —	—	2 10	— — 9 —	—	2 10
— — 10 —	—	2 50	— — 10 —	—	2 50	— — 10 —	—	2 50	— — 10 —	—	2 50
SAUCIÈRES			**SAUCE-BOATS**			**SALSERAS**			**SAUCIÈRES**		
À 1 anse sans plateau, 1re,	pièce.	2 »	1 handle without stand, 1st,	each.	2 »	De 1 asa sin platillo 1ª,	pieza.	2 »	1 henkel ohne plateau 1e,	stück.	2 »
— — — 2e.	—	1 50	1 — — — 2d,	—	1 50	— — — — 2ª,	—	1 50	1 — — — 2e,	—	1 50

PORCELAINES POUR HOTELS ET RESTAURANTS

HOTEL AND RESTAURANT WARE — PORCELANAS PARA PONDAS Y HOSTERIAS — POZELLAN FUR HOTEL UND RESTAURATIONEN

DEMI-FORT	Prix fr. c.	HALF-THICK	Prices fr. c.	MEDIAS FUERTAS	Precios fr. c.	HALB STARK	Preise fr. c.
BOLS		**BOWLS**		**BOLS**		**BOL**	
Bols à pied 4½ pouces, pièce	» 50	Plain on foot 4½ inches, each	» 50	Bols á pie 4½ pulgadas, pieza	» 50	Bol mit fuss 4½ Zoll, Stück	» 50
— — 5 — —	» 55	— — 5 — —	» 55	— — 5 — —	» 55	— — — 5 — —	» 55
— — 5½ — —	» 65	— — 5½ — —	» 65	— — 5½ — —	» 65	— — — 5½ — —	» 65
— — 6 — —	» 75	— — 6 — —	» 75	— — 6 — —	» 75	— — — 6 — —	» 75
BOLS A GLACE		**ICE BOWLS**		**BOL PARA HIELO**		**EIS SCHALE**	
Pied haut 6 pouces, pièce	2 50	High foot 6 inches, each	2 50	Con pie 6 pulgadas, pieza	2 50	Mit fuss 6 Zoll, Stück	2 50
— — 7 — —	3 »	— — 7 — —	3 »	— — 7 — —	3 »	— — 7 — —	3 »
— — 8 — —	3 50	— — 8 — —	3 50	— — 8 — —	3 50	— — 8 — —	3 50
BROCS		**JUGS**		**COLODRAS**		**KANNE**	
OVIDE, ovale, 1er, pièce	3 50	OVIDE, oval 1st, each	3 50	Oval forma OVIDE no 1º, pieza	3 50	Oval form OVIDE no 1e, Stück	3 50
— — 2e, —	2 75	— — 2d, —	2 75	— — — 2º —	2 75	— — — 2e, —	2 75
— — 3e, —	2 15	— — 3d, —	2 15	— — — 3º —	2 15	— — — 3e, —	2 15
— — 4e, —	1 60	— — 4th, —	1 60	— — — 4º —	1 60	— — — 4e, —	1 60
— — 4½, —	1 15	— — 4½, —	1 15	— — — 4½ —	1 15	— — — 4½, —	1 15
— — 5e, —	» 90	— — 5th, —	» 90	— — — 5º —	» 90	— — — 5e, —	» 90
— — 6e, —	» 65	— — 6th, —	» 65	— — — 6º —	» 65	— — — 6e, —	» 65
— — 7e, —	» 50	— — 7th, —	» 50	— — — 7º —	» 50	— — — 7e, —	» 50
COMPOTIERS		**COMPORTS**		**COMPOTERAS**		**COMPOTSCHUSSEL**	
COUPE, pied haut 8 pouces, pièce	3 »	COUPE high 8 inches, each	3 »	Forma CUPA, alta 8 pulgadas, pieza	3 »	Form COUPE hohe 8 Zoll, Stück	3 »
— — — 7 — —	2 50	— — 7 — —	2 50	— — — 7 — —	2 50	— — — 7 — —	2 50
— — bas 8 — —	2 50	— low 8 — —	2 50	— — baja 8 — —	2 50	— — niedrige 8 — —	2 50
— — — 7 — —	2 »	— — 7 — —	2 »	— — — 7 — —	2 »	— — — 7 — —	2 »
— — — 6 —	1 50	— — 6 — —	1 50	— — — 6 — —	1 50	— — — 6 — —	1 50
— — — 5½ — —	1 10	— — 5½ — —	1 10	— — — 5½ — —	1 10	— — — 5½ — —	1 10
SUCRIERS		**SUGARS**		**AZUCAREROS**		**ZUCKERDOSE**	
Ronds sans couvercle 1er, pièce	» 75	Round uncovered 1st, each	» 75	Redonda sin tapa 1ª, pieza	» 75	Runde ohne deckel 1e, Stück	» 75
— — — 2e, —	» 60	— — 2d —	» 60	— — — 2ª —	» 60	— — — 2e, —	» 60
— — — 3e, —	» 45	— — 3d —	» 45	— — — 3ª —	» 45	— — — 3e, —	» 45
— — couvercle 1er, —	1 50	— covered 1st —	1 50	— con — 1ª —	1 50	— mit — 1e, —	1 50
— — — 2e, —	1 20	— — 2d —	1 20	— — — 2ª —	1 20	— — — 2e, —	1 20
— — — 3e, —	» 90	— — 3d —	» 90	— — — 3ª —	» 90	— — — 3e, —	» 90
Ovales sans couvercle 1er, —	1 50	Oval uncovered 1st —	1 50	Oval sin tapa 1ª —	1 50	Oval ohne deckel 1e, —	1 50
— — — 2e, —	1 20	— — 2d —	1 20	— — — 2ª —	1 20	— — — 2e, —	1 20
— — — 3e, —	» 90	— — 3d —	» 90	— — — 3ª —	» 90	— — — 3e, —	» 90
— — couvercle 1er, —	2 25	— covered 1st —	2 25	— con — 1ª —	2 25	— mit — 1e, —	2 25
— — — 2e, —	1 75	— — 2d —	1 75	— — — 2ª —	1 75	— — — 2e, —	1 75
— — — 3e, —	1 25	— — 3d —	1 25	— — — 3ª —	1 25	— — — 3e, —	1 25
TASSES & SOUCOUPES		**CUPS & SAUCERS**		**TAZAS Y PLATILLOS**		**TASSE MIT UNTERTASSE**	
SAXE à déjeuner & soucoupes, douzaine	9 25	SAXON breakfast & saucer, dozen	9 25	SAJONA taza para almuerzo y platillo, docena	9 25	SÄCHSISCHE Frühstück tasse mit unter., Stück	9 25
— à thé, — —	6 75	— tea — —	6 75	— — de te — —	6 75	— Thee tasse mit untertasse, —	6 75
— à café, — —	5 50	— coffee — —	5 50	— — de café — —	5 50	— Kaffee — — —	5 50
ŒUF à déjeuner — —	11 »	EGG breakfast — —	11 »	HUEVO — para almuerzo — —	11 »	EI Frühstück tasse mit unter., —	11 »
— à thé — —	8 50	— tea — —	8 50	— — de te — —	8 50	— Thee tasse mit untertasse, —	8 50
— à café — —	6 75	— coffee — —	6 75	— — de café — —	6 75	— Kaffee — — —	6 75
DESSERT A FESTONS		**CUT EDGE DESSERTS**		**SERVICIOS DE PASTRE FESTONEADOS**		**DESSERT SERVICE GESCHWEIFTE FORM**	
Assiettes plates 7½ pouces, douzaine	9 »	Plates flat 7½ inches, dozen	9 »	Platos 7½ pulgadas, docena	9 »	Teller 7½ Zoll, Dtz.	9 »
Compotiers pied haut 8 —, pièce	3 50	Comports high 8 —, each	3 50	Compoteras alta 8 —, pieza	3 50	Hohe Compotschussel 8 —, Stück	3 50
— — — 7 — —	3 »	— — 7 — —	3 »	— — 7 — —	3 »	— — 7 — —	3 »
— — bas 8 — —	3 »	— low 8 — —	3 »	— baja 8 — —	3 »	Niedrige — 8 — —	3 »
— — — 7 — —	2 50	— — 7 — —	2 50	— — 7 — —	2 50	— 7 — —	2 50
— — — 6 — —	2 »	— — 6 — —	2 »	— — 6 — —	2 »	— — 6 — —	2 »
— — — 5½ — —	1 50	— — 5½ — —	1 50	— — 5½ — —	1 50	— 5½ — —	1 50
Petits fours, 8 — —	1 75	Bonbon stands 8 — —	1 75	[illegible] 8 — —	1 75	Petits fours 8 — —	1 75
— 7 — —	1 50	— — 7 — —	1 50	— 7 — —	1 50	— 7 — —	1 50
— 6 — —	1 25	— — 6 — —	1 25	— 6 — —	1 25	— 6 — —	1 25

HOTEL AND RESTAURANT WARE — PORCELANAS PARA PONDAS Y HOSTERIAS

PORZELLAN FUR HOTEL UND RESTAURATIONEN

DOUBLE-FORT

	Prix fr. c.
ASSIETTES	
Unies plates 8¾ pouces, douzaine	8 50
— — 7½ — —	6 75
— — 6½ — —	5 »
— creuses 8¾ — —	8 50
— — 7½ — —	6 75
— — 6½ — —	5 »
PLATS	
Unis, ovales 5½ pouces, pièce	» 55
— — 6 — —	» 60
— — 7 — —	» 70
— — 8 — —	» 90
— — 9 — —	1 10
Creux, ovales 4½ — —	» 55
— — 5 — —	» 70
— — 5½ — —	» 85
— — 6 — —	1 »
BEURRIER	
Beurrier à grille 6 pouces, pièce	2 »
BOLS	
Unis à pied 4½ pouces, pièce	» 50
— — 5 — —	» 55
— — 5½ — —	» 65
— — 6 — —	» 75
BROCS	
Ovales, Sèvres [illegible], pièce	3 50
— — [illegible] —	2 75
— — [illegible] —	2 15
— — [illegible] —	1 60
— — [illegible] —	1 15
— — [illegible] —	» 90
COMPOTIERS	
Médicis, hauts, 8 pouces, pièce	3 »
— — 7½ — —	2 50
SOUCOUPES A GLACE	
Unies, 4½ pouces, douzaine	3 40
— 4 — —	3 10
TASSE SAXE	
Tasses à déjeuner [illegible], douzaine	9 25
— — [illegible] — —	8 50
— [illegible] — —	6 25
TASSES TULIPE	
Tasses à déjeuner [illegible], douzaine	12 »
— — — 2ª — —	11 »
— [illegible] — —	11 »
— [illegible] 2ª — —	10 »
— [illegible] — —	7 25

DOUBLE-THICK

	Prices fr. c.
PLATES	
Plain flat, 8¾ pouces, dozen	8 50
— — 7½ — —	6 75
— — 6½ — —	5 »
— deep 8¾ — —	8 50
— — 7½ — —	6 75
— — 6½ — —	5 »
DISHES	
Plain oval, 5½ pouces, each	» 55
— — 6 — —	» 60
— — 7 — —	» 70
— — 8 — —	» 90
— — 9 — —	1 10
Oval bakers, 4½ — —	» 55
— — 5 — —	» 70
— — 5½ — —	» 85
— — 6 — —	1 »
BUTTER DISH	
With fast drainer 6 pouces, each	2 »
BOWLS	
Plain on foot 4½ pouces, each	» 50
— — — 5 — —	» 55
— — — 5½ — —	» 65
— — — 6 — —	» 75
JUGS	
Oval Sèvres, 1st, each	3 50
— — 2d, —	2 75
— — 3d, —	2 15
— — 4th, —	1 60
— — 4½, —	1 15
— — 5th, —	» 90
COMPORTS	
Medicis, high, 8 pouces, each	3 »
— — 7½ — —	2 50
ICE CREAM SAUCERS	
Plain saucers, 4½ pouces, dozen	3 40
— — 4 — —	3 10
CUPS SAXON	
Breakfast, handled & saucers, dozen	9 25
— unhandled, — —	8 50
A. d. coffee, handled — —	6 25
CUPS TULIPE	
Breakfast, 1st handled & saucers, dozen	12 »
— 2d — — —	11 »
— 1st unhandled [illegible] —	11 »
— 2d — — —	10 »
A. d. coffee handled — —	7 25

MUY FUERTAS

	Precios fr. c.
PLATOS	
Lisos llanos, 8¾ pouces, docena	8 50
— — 7½ — —	6 75
— — 6½ — —	5 »
— hondos, 8¾ — —	8 50
— — 7½ — —	6 75
— — 6½ — —	5 »
FUENTES	
Ovaladas, 5½ pouces, pieza	» 55
— 6 — —	» 60
— 7 — —	» 70
— 8 — —	» 90
— 9 — —	1 10
Huecas ovales, 4½ — —	» 55
— — 5 — —	» 70
— — 5½ — —	» 85
— — 6 — —	1 »
MANTEQUERO	
Mantequero con [illegible], pieza	2 »
BOLS	
Lisos a pie, 4½ pouces, pieza	» 50
— — 5 — —	» 55
— — 5½ — —	» 65
— — 6 — —	» 75
COLODRAS	
Oval forma Sèvres, 1ª, pieza	3 50
— — — 2ª, —	2 75
— — — 3ª, —	2 15
— — — 4ª, —	1 60
— — — 4½, —	1 15
— — — 5ª, —	» 90
COMPOTERAS	
Forma Medicis alta, 8 pouces, pieza	3 »
— — — 7½ — —	2 50
PLATILLOS PARA SORBETES	
Platillos lisos, 4½ pouces, pieza	3 40
— — 4 — —	3 10
TAZAS FORMA SAJONA	
Tazas para almuerzo de asas y plat., pieza	9 25
— — — sin — —	8 50
— — [illegible] de — —	6 25
FORMA TULIPA	
Tazas para almuerzo 1ª de asas y plat. docena	12 »
— — — 2ª — — —	11 »
— — — 1ª [illegible] —	11 »
— — — 2ª — — —	10 »
— [illegible] de — —	7 25

GANZ-STARK

	Preise fr. c.
TELLER	
Glatt flach, 8¾ pouces, dutzen	8 50
— — 7½ — —	6 75
— — 6½ — —	5 »
— tiefe, 8¾ — —	8 50
— — 7½ — —	6 75
— — 6½ — —	5 »
SCHÜSSEL	
Oval, 5½ pouces, stück	» 55
— 6 — —	» 60
— 7 — —	» 70
— 8 — —	» 90
— 9 — —	1 10
Tiefe oval, 4½ — —	» 55
— — 5 — —	» 70
— — 5½ — —	» 85
— — 6 — —	1 »
BUTTERSCHÜSSELCHEN	
Mit gitter, 6 pouces, stück	2 »
BOL	
Glatt mit fuss, 4½ pouces, stück	» 50
— — — 5 — —	» 55
— — — 5½ — —	» 65
— — — 6 — —	» 75
KANNE	
Oval, form Sèvres 1ª, stück	3 50
— — — 2ª, —	2 75
— — — 3ª, —	2 15
— — — 4ª, —	1 60
— — — 4½, —	1 15
— — — 5ª, —	» 90
COMPOTSCHÜSSEL	
Form Medicis hohe, 8 pouces, stück	3 »
— — — 7½ — —	2 50
EIS SCHALE	
Glatt 4½ pouces, dutzen	3 40
— 4 — —	3 10
TASSE SACHISCHE FORM	
Tasse für frühstück mit henkel & unter, dtz.	9 25
— — — ohne — — —	8 50
Kaffee tasse mit henkel, — —	6 25
TULPEN FORM	
Tasse für frühstück mit henkel & unter 1ª, dtz	12 »
— — — — — — 2ª, —	11 »
— — — ohne — — 1ª, —	11 »
— — — — — — 2ª, —	10 »
Kaffee tasse mit henkel, — —	7 25

TARIF SUPPLÉMENTAIRE

SUPPLEMENTARY TARIF — TARIFA SUPLEMENTARIA — SUPPLEMENT TARIF

SERVICES DE TABLE UNIS	PLAIN EDGE DINNER WARE	TARIFS P	Q	R	S	T	U	V	W	X	Y	Z		SERVICIOS DE MESA LISOS	GLATTES TAFEL SERVICE
		fr. c.	fr. c.	fr. c.	fr. c.	fr. c.	fr. c.	fr. c.	fr. c.	fr. c.	fr. c.	fr. c.	fr. c.		
ASSIETTES	**PLATES**													**PLATOS**	**TELLER**
Unies 9 pouces, dz.	Plain 9 pouces, doz.	71 50	88 50	100 »	121 »	145 »	174 »	201 »	243 »	285 »	348 »	411 »	488 »	Lisos 9 pouces, doc.	Glatt 9 pouces, dtz.
— 8½ — —	— 8½ — —	61 »	76 »	88 »	104 »	121 »	118 »	172 »	208 »	241 »	298 »	352 »	418 »	— 8½ — —	— 8½ — —
— 8 — —	— 8 — —	58 »	69 »	80 »	96 50	112 »	135 »	157 »	190 »	223 »	273 »	324 »	383 »	— 8 — —	— 8 — —
— 7½ — —	— 7½ — —	51 »	62 »	73 »	88 »	103 »	122 »	143 »	173 »	203 »	248 »	293 »	348 »	— 7½ — —	— 7½ — —
— 6½ — —	— 6½ — —	42 »	50 »	58 »	70 »	82 »	98 »	111 »	138 »	162 »	198 »	234 »	278 »	— 6½ — —	— 6½ — —
— 4½ — —	— 4½ — —	30 50	36 50	42 50	51 50	60 50	72 50	81 50	103 »	121 »	148 »	175 »	208 »	— 4½ — —	— 4½ — —
PLATS	**DISHES**													**FUENTES**	**SCHUSSEL**
Ronds 10 pouces, pièce.	Round 10 pouces each.	8 »	10 »	11 »	13 50	16 »	19 »	22 »	26 »	31 »	37 50	44 »	52 50	Redondas 10 pouces, pieza.	Runde 10 pouces, stück
— 11 — —	— 11 — —	11 »	13 »	15 »	18 »	21 »	25 »	29 »	35 »	41 »	50 »	59 »	70 »	— 11 — —	— 11 — —
— 12 — —	— 12 — —	14 »	17 »	19 »	23 »	27 »	32 »	37 »	44 »	52 »	63 »	74 »	88 »	— 12 — —	— 12 — —
— 13 — —	— 13 — —	18 »	21 »	24 »	28 50	33 »	39 »	45 »	51 »	63 »	76 50	90 »	107 »	— 13 — —	— 13 — —
— 14 — —	— 14 — —	25 50	31 50	30 50	47 »	51 50	61 50	71 50	89 50	105 »	127 »	150 »	177 »	— 14 — —	— 14 — —
Ovales 10 — —	Oval 10 — —	10 50	12 50	14 50	17 50	20 50	24 50	28 50	31 50	40 50	49 50	58 50	69 50	Ovaladas 10 — —	Oval 10 — —
— 12 — —	— 12 — —	15 50	18 50	21 50	26 »	30 50	34 50	42 50	51 50	60 50	71 »	87 50	101 »	— 12 — —	— 12 — —
— 14 — —	— 14 — —	21 50	25 50	29 50	35 50	41 50	49 50	57 50	69 50	81 50	100 »	118 »	140 »	— 14 — —	— 14 — —
— 16 — —	— 16 — —	28 50	33 50	38 50	46 »	53 50	63 50	73 50	88 50	104 »	126 »	149 »	176 »	— 16 — —	— 16 — —
— 18 — —	— 18 — —	37 50	42 50	48 50	60 50	66 50	78 50	90 50	109 »	127 »	151 »	181 »	211 »	— 18 — —	— 18 — —
— 20 — —	— 20 — —	50 »	58 »	66 »	78 »	90 »	105 »	122 »	140 »	170 »	206 »	242 »	289 »	— 20 — —	— 20 — —
A rigoles 18 — —	Gravy dish 18 — —	45 »	52 »	59 »	68 50	80 »	94 »	108 »	129 »	150 »	182 »	213 »	254 »	Canaladas 18 — —	Schüssel 18 — —
— 20 — —	— — 20 — —	53 »	68 »	77 »	91 »	104 »	122 »	140 »	165 »	191 »	235 »	271 »	325 »	— 20 — —	— — 20 — —
A poisson 19 — —	Fish dish 19 — —	41 »	48 »	55 »	65 50	76 »	90 »	104 »	125 »	146 »	178 »	209 »	248 »	Para pescado 19 — —	Fischschüssel 19 — —
— 21 — —	— — 21 — —	47 50	55 50	63 50	75 50	87 50	101 »	120 »	141 »	168 »	201 »	240 »	284 »	— — 21 — —	— 21 — —
— 23 — —	— — 23 — —	60 »	70 »	80 »	95 »	110 »	130	150 »	180 »	210 »	255 »	300 »	355 »	— — 23 — —	— 23 — —
Ovales creux 9 — —	Oval baker 9 — —	13 »	16 »	18 »	22 »	26 »	31 »	35 »	43 »	51 »	62 »	73 »	87 »	Fuentes hondas ovaladas 9 p. —	Oval tiefe Schüssel 9 p. —
— 10 — —	— — 10 — —	16 »	19 »	22 »	26 50	31 »	37 »	44 »	52 »	61 »	74 50	88 »	105 »	— — — 10 p. —	— — — 10 —
SERVICES DE TABLE	**DINNER SETS**														
Soupières ovales, pièce.	Oval soup tureen, each.	42 »	48 »	51 »	63 »	72 »	84 »	96 »	111 »	132 »	159 »	186 »	219 »	Sopera oval, pieza.	Terrine oval, stück.
Plateaux — —	Soup tureen stand, —	30 50	35 50	40 50	48 »	55 50	65 50	75 50	90 50	106 »	128 »	151 »	178 »	Platillo de sopera, —	Plateau für Terrine, —
Légumiers — —	Oval covered dish, —	25 50	29 50	33 50	39 50	45 50	53 50	61 50	73 50	85 50	101 »	122 »	141 »	Legumbrera oval, —	Gemüseschüssel oval, —
Soupières rondes, —	Round soup tureen, —	41 »	47 »	53 »	62 »	71 »	83 »	95 »	113 »	131 »	158 »	185 »	218 »	Sopera redonda, —	Terrine rund, —
Plateaux — —	Stand, —	26 »	30 »	34 »	40 »	46 »	54 »	62 »	74 »	86 »	101 »	122 »	141 »	Platillo, —	Plateau, —
Légumiers ronds, —	Round covered dish, —	20 »	23 »	26 »	30 50	36 »	41 »	47 »	56 »	65 »	78 50	92 »	109 »	Legumbrera redonda, —	Gemüseschüssel rund, —
Plateaux — —	Stand, —	11 »	16 »	18 »	21 »	24 »	28 »	32 »	38 »	44 »	53 »	62 »	73 »	Platillo, —	Plateau, —
Saucières couvertes & pl. —	Sauce-tureens & stands, —	25 50	29 50	33 50	39 50	45 50	53 50	61 50	73 50	85 50	101 »	122 »	141 »	Salseras cubiertas y plat. —	Saucière gedeckt mit plat. —
— à becs — —	— boats — —	21 50	28 50	32 50	38 50	44 50	52 50	60 50	72 50	81 50	103 »	121 »	143 »	— de asas, — —	— mit henkel — —
Raviers, —	Pickles, —	8 »	9 »	11 »	13 »	15 »	18 »	21 »	26 »	30 »	37 »	44 »	52 »	Raverillos, —	Raviers, —
Saladiers 10½ pouces, —	Salad-bowls 10½ p. —	28 50	33 50	38 50	46 »	54 50	64 50	74 50	88 50	104 »	124 »	149 »	176 »	Ensaladeras 10½ p. —	Salatschüssel 10½ pouces —
— 10 — —	— 10 — —	23 »	27 »	31 »	37 »	43 »	51 »	59 »	71 »	83 »	101 »	119 »	141 »	— 10 — —	— 10 — —
Beurriers, —	Butter covered dish, —	12 50	14 50	16 50	19 50	22 50	26 50	30 50	36 50	42 50	51 50	60 50	71 50	Mantequeras, —	Butterschüsselchen, —
Moutardiers ovales, —	Oval mustard, —	11 »	13 »	15 »	18 »	21 »	25 »	29 »	35 »	41 »	50 »	59 »	70 »	Mostacera ovalada, —	Senftopf oval, —
Pots à crème couverts, —	Covered custard, —	5 50	6 50	7 50	9 »	10 50	12 50	14 50	17 50	20 50	25 »	29 50	35 »	Jarrito para cremas, —	Rahmtopf mit deckel, —
Plateaux pour 6 pots, —	Stand for 6 custards, —	16 »	18 »	21 »	24 50	28 »	31 »	39 »	46 »	53 »	64 50	75 »	89 50	Mesitas para 6 jarros, —	Untersatz für 6 töpfe, —
— — 9 — —	— — 9 — —	24 »	27 »	31 »	36 »	41 »	48 »	55 »	66 »	76 »	92 »	108 »	127 »	— — 9 — —	— — 9 — —
[illegible], 2 étages, —	Custard double stand, —	27 »	31 »	35 »	41 »	47 »	55 »	63 »	75 »	87 »	105 »	123 »	145 »	— de dos pisos, —	— zwei Stocke, —
Plats à fromage 10 p. —	Cheese stand 10 pouces, —	19 50	22 50	25 50	30 »	34 50	40 50	46 50	55 50	64 50	78 »	91 50	108 »	Fuentes para queso 10 p. —	Schüssel für Käse 10 p. —
— — 12 — —	— — 12 — —	23 »	27 »	30 »	35 50	41 »	49 »	55 »	65 »	76 »	91 50	107 »	127 »	— — — 12 — —	— — — 12 — —
Ass. à eau chaude 9 p. dz.	Hot water plates 9 p., doz.	111 »	129 »	144 »	164 »	183 »	213 »	249 »	291 »	339 »	406 »	474 »	576 »	Platos 9 p. p' agua caliente —	Teller 9 p. für heiss wasser, —
Pl. couv. — pièce.	— — steak dish, each.	40 »	46 »	52 »	61 »	70 »	82 »	94 »	112 »	130 »	157 »	181 »	217 »	Fuentes cubiertas, — —	Schüssel — — — —
Service 12 couverts, français	French dinner set for 12.	581 »	686 »	791 »	918 »	1106 »	1316 »	1526 »	1811 »	2156 »	2628 »	3101 »	3678 »	Servicio francese para 12.	French service for 12.

TARIF SUPPLÉMENTAIRE

SUPPLEMENTARY TARIFF — TARIFA SUPLEMENTARIA — SUPPLEMENT TARIF

SERVICES DE TABLE A FESTONS	CUT EDGE DINNER WARE	P	Q	R	S	T	U	V	W	X	Y	Z	ω	SERVICIOS DE MESA FESTONEADOS	TAFEL SERVICE GESCHWEIFTE FORM
		fr. c.	fr. c.	fr. c.	fr. c.	fr. c.	fr. c.	fr. c.	fr. c.	fr. c.	fr. c.	fr. c.	fr. c.		
ASSIETTES	**PLATES**													**PLATOS**	**TELLER**
A festons 9 pouces, dz.	Cut edge 9 pouces, doz.	81 »	95 »	109 »	130 »	151 »	179 »	205 »	240 »	291 »	351 »	417 »	494 »	Festoneados 9 pouces, doc.	Teller 9 pouces, dtz.
— 8¾ — —	— 8¾ — —	68 »	80 »	92 »	110 »	128 »	152 »	156 »	212 »	248 »	302 »	356 »	428 »	— 8¾ — —	— 8¾ — —
— 8 — —	— 8 — —	61 50	72 50	83 50	100 »	117 »	139 »	161 »	191 »	227 »	276 »	326 »	395 »	— 8 — —	— 8 — —
— 7½ — —	— 7½ — —	56 »	66 »	76 »	91 »	107 »	126 »	146 »	176 »	206 »	251 »	296 »	351 »	— 7½ — —	— 7½ — —
— 6¾ — —	— 6¾ — —	49 50	58 50	67 50	81 »	94 50	113 »	131 »	158 »	185 »	225 »	266 »	315 »	— 6¾ — —	— 6¾ — —
— 5½ — —	— 4½ — —	33 »	39 »	45 »	54 »	63 »	75 »	87 »	105 »	123 »	150 »	177 »	210 »	— 4½ — —	— 4½ — —
— 3 — —	— 3 — —	22 »	26 »	30 »	36 »	42 »	50 »	58 »	70 »	82 »	100 »	118 »	140 »	— 3 — —	— 3 — —
A fest. minces, 8¾ — —	— thin 8¾ — —	89 »	101 »	113 »	131 »	149 »	173 »	197 »	233 »	269 »	323 »	377 »	443 »	Feston. delgados 8¾ p., pieza	Teller dünn 8¾ — —
— — 8 — —	— — 8 — —	78 50	89 50	101 »	117 »	133 »	156 »	178 »	211 »	244 »	293 »	343 »	403 »	— 8 — —	— — 8 — —
— — 7½ — —	— — 7½ — —	68 »	78 »	88 »	103 »	118 »	138 »	158 »	188 »	218 »	263 »	308 »	363 »	— 7½ — —	— — 7½ — —
PLATS	**DISHES**													**FUENTES**	**SCHÜSSEL**
Ronds 10 pouces, pièce	Round 10 pouces each	9 »	10 »	12 »	14 »	16 »	19 »	22 »	27 »	31 »	38 »	45 »	53 »	Redondas 10 — pieza	Runde 10 pouces, stück
— 11 — —	— 11 — —	12 »	14 »	16 »	19 »	22 »	26 »	30 »	36 »	42 »	51 »	60 »	71 »	— 11 — —	— 11 — —
— 12 — —	— 12 — —	15 »	18 »	20 »	24 »	27 »	33 »	38 »	45 »	52 »	64 »	75 »	89 »	— 12 — —	— 12 — —
— 13 — —	— 13 — —	19 50	22 50	25 50	30 »	34 50	40 50	46 50	55 50	64 50	78 »	91 50	108 »	— 13 — —	— 13 — —
— 14 — —	— 14 — —	30 50	35 50	40 50	48 »	55 50	65 50	75 50	90 50	106 »	128 »	151 »	178 »	— 14 — —	— 14 — —
Ovales 10 — —	Oval 10 — —	11 »	13 »	15 »	18 »	21 »	25 »	29 »	35 »	41 »	50 »	59 »	70 »	Ovaladas 10 — —	Oval 10 — —
— 12 — —	— 12 — —	16 50	19 50	22 50	27 »	31 50	37 50	43 50	52 50	61 50	75 »	88 50	105 »	— 12 — —	— 12 — —
— 14 — —	— 14 — —	24 »	27 »	31 »	37 »	44 »	51 »	59 »	71 »	83 »	101 »	119 »	141 »	— 14 — —	— 14 — —
— 16 — —	— 16 — —	30 50	35 50	40 50	48 »	55 50	65 50	75 50	90 50	106 »	128 »	151 »	178 »	— 16 — —	— 16 — —
— 18 — —	— 18 — —	40 »	46 »	52 »	61 »	70 »	84 »	94 »	112 »	130 »	157 »	181 »	217 »	— 18 — —	— 18 — —
— 20 — —	— 20 — —	55 »	63 »	71 »	83 »	95 »	111 »	127 »	151 »	175 »	215 »	247 »	291 »	— 20 — —	— 20 — —
A rigoles 20 — —	Gravy dish 20 — —	61 50	73 50	82 50	95 »	110 »	128 »	146 »	173 »	200 »	240 »	281 »	330 »	Canaladas 20 — —	Saftrinnen 20 — —
A poisson 21 — —	Fish — 21 — —	51 »	59 »	67 »	79 »	91 »	107 »	123 »	147 »	171 »	211 »	243 »	287 »	Para pescado 21 — —	Fischschüssel 21 — —
— 24 — —	— — 24 — —	64 »	74 »	84 »	99 »	114 »	134 »	154 »	184 »	214 »	259 »	304 »	359 »	— — 24 — —	— 24 — —
Ovales creux 9 — —	Oval baker 9 — —	14 »	17 »	19 »	24 »	28 »	32 »	37 »	44 »	52 »	63 »	74 »	88 »	Huecas oval 9 — —	Tief oval 9 — —
SERVICES DE TABLE	**DINNER SERVICES**													**SERVICIOS DE MESA**	**TAFEL SERVICE**
Soupière PARISIENNE, pièce	Soup-tureen PARISIAN, each	44 »	50 »	56 »	65 »	74 »	84 »	98 »	116 »	134 »	161 »	188 »	221 »	Sopera PARISIENSE pieza	Terrine PARISER, stück
Plateau — —	Stand — —	28 »	33 »	36 »	42 »	48 »	56 »	64 »	76 »	88 »	106 »	124 »	146 »	Platillo, — —	Plateau, — —
Légumier — —	Vegetable dish, — —	21 50	24 50	27 50	32 »	36 50	42 50	48 50	57 50	66 50	80 »	93 50	110 »	Legumbrera, — —	Gemüseschüssel, — —
Plateau — —	Stand, — —	15 »	17 »	19 »	22 »	25 »	29 »	33 »	39 »	45 »	54 »	63 »	74 »	Platillo, — —	Plateau, — —
Saucières — —	Sauce-tureens, — —	25 »	29 »	33 »	39 »	45 »	51 »	61 »	73 »	85 »	103 »	121 »	143 »	Salseras, — —	Saucières, — —
Beurrier — —	Butter, — —	25 »	29 »	33 »	39 »	45 »	51 »	61 »	73 »	85 »	103 »	121 »	143 »	Mantequera, — —	Butterschüsselchen, — —
Saladier — —	Salad bowl, — —	25 »	29 »	33 »	39 »	45 »	51 »	61 »	73 »	85 »	103 »	121 »	143 »	Ensaladera, — —	Salatschüssel, — —
Ravier — —	Pickle, — —	8 50	9 50	11 50	13 50	15 50	18 50	21 50	26 50	30 50	37 50	44 50	52 50	Ravanito, — —	Ravier, — —
Soupière SAXE —	Soup-tureen SAXON, —	50 »	56 »	62 »	71 »	80 »	92 »	104 »	122 »	140 »	167 »	194 »	227 »	Sopera SAJONA, —	Terrine SÄCHSISCHE, —
Plateau —	Stand, —	29 »	34 »	38 »	44 »	50 »	58 »	66 »	78 »	90 »	108 »	126 »	148 »	Platillo, — —	Plateau, — —
Légumier — —	Vegetable dish, — —	26 50	29 50	32 50	37 »	41 50	47 50	53 50	62 50	71 50	85 »	98 50	115 »	Legumbrera, — —	Gemüseschüssel, — —
Plateau —	Stand, — —	16 »	18 »	20 »	23 »	26 »	30 »	34 »	40 »	46 »	55 »	64 »	75 »	Platillo, — —	Plateau, — —
Saucières — —	Sauce-tureens, — —	31 »	35 »	39 »	45 »	51 »	59 »	67 »	79 »	91 »	109 »	127 »	149 »	Salseras, — —	Saucières, — —
Beurrier — —	Butter, — —	19 »	21 »	23 »	26 »	29 »	33 »	37 »	43 »	49 »	58 »	67 »	78 »	Mantequera, — —	Butterschüsselchen, — —
Saladier, — —	Salad bowl, — —	29 »	33 »	37 »	43 »	49 »	57 »	65 »	77 »	89 »	107 »	125 »	147 »	Ensaladera, — —	Salatschüssel, — —
Ravier — —	Pickle, — —	9 »	10 »	12 »	14 »	16 »	19 »	22 »	27 »	31 »	38 »	45 »	53 »	Ravanito, — —	Ravier, — —
Soupière NÉNUPHAR, —	Soup-tureen WATERLILLY —	64 »	72 »	80 »	92 »	104 »	120 »	136 »	160 »	184 »	221 »	256 »	300 »	Sopera NENUPHAR, —	Terrine SEEROSE, —
Plateau — —	Stand — —	39 »	45 »	51 »	60 »	69 »	81 »	93 »	111 »	129 »	156 »	183 »	216 »	Platillo, — —	Plateau, — —
Légumier — —	Vegetable dish — —	36 50	41 50	46 50	54 »	61 50	71 50	81 50	96 50	112 »	134 »	157 »	181 »	Legumbrera, — —	Gemüseschüssel, — —
Plateau — —	Stand — —	20 50	23 50	26 50	31 »	35 50	41 50	47 50	56 50	65 50	79 »	92 50	109 »	Platillo, — —	Plateau, — —
Saucière — —	Sauce-tureen — —	36 50	41 50	46 50	54 »	61 50	71 50	81 50	96 50	112 »	134 »	157 »	181 »	Salseras, — —	Saucières, — —
Beurrier — —	Butter — —	21 50	24 50	27 50	32 »	36 50	42 50	48 50	57 50	66 50	80 »	93 50	110 »	Mantequera, — —	Butterschüsselchen, — —
Service français pour 12	French service for 12	613 »	718 »	823 »	980 »	1138 »	1348 »	1558 »	1873 »	2188 »	2660 »	3133 »	3710 »	Servicio francés para 12	Französisches service für 12
— anglais —	English — —	860 »	1013 »	1141 »	1357 »	1570 »	1854 »	2138 »	2561 »	2990 »	3629 »	4238 »	5019 »	— inglés —	Englisches — —
— américain —	American — —	487 »	567 »	647 »	767 »	887 »	1047 »	1207 »	1447 »	1687 »	2047 »	2407 »	2847 »	— americano —	Amerikanisches — —
— espagnol —	Spanish — —	487 »	571 »	651 »	771 »	912 »	1094 »	1250 »	1511 »	1792 »	2182 »	2575 »	3051 »	— español —	Spanisches — —
— allemand —	German — —	538 »	629 »	720 »	856 »	992 »	1175 »	1357 »	1630 »	1904 »	2312 »	2724 »	3222 »	— alemán —	Deutsches — —

TARIF SUPPLÉMENTAIRE

SUPPLEMENTARY TARIFF — TARIFA SUPLEMENTARIA — SUPPLEMENT TARIF

SERVICES A DESSERT	DESSERT WARE	TARIFS P	Q	R	S	T	U	V	W	X	Y	Z	Ω	SERVICIOS de PASTRE	DESSERT SERVICE
DESSERTS UNIS	PLAIN EDGE	fr. c.	fr. c.	fr. c.	fr. c.	fr. c.	fr. c.	fr. c.	fr. c.	fr. c.	fr. c.	fr. c.	fr. c.	SERVICIOS LISOS	GLATTES SERVICE
Assiettes coupe 8 pouces, douz.	Plates coupe 8 inches, doz.	67 »	78 »	89 »	100 »	122 »	144 »	156 »	190 »	232 »	282 »	331 »	398 »	Platos forma copa 8 p., doc.	Teller coupe form 8 zoll, dtz.
— — 7½ — —	— — 7½ — —	60 »	70 »	80 »	95 »	110 »	130 »	150 »	180 »	210 »	255 »	300 »	355 »	— — — 7½ — —	— — — 7½ — —
— — 6½ — —	— — 6½ — —	49 50	54 50	62 50	74 50	89 50	103 »	119 »	134 »	167 »	201 »	229 »	283 »	— — — 6½ — —	— — — 6½ — —
Ass. coupe mince 8 p., —	Plates coupe thin 8 inches, —	81 50	95 50	107 »	123 »	140 »	174 »	184 »	217 »	250 »	289 »	319 »	409 »	Plat. copa delgados 8 p., —	Teller coupe form dünn 8 zoll, —
— — — 7½ —	— — — 7½ — —	73 »	88 »	99 »	108 »	129 »	141 »	164 »	191 »	221 »	268 »	313 »	358 »	— — — 7½ — —	— — — — 7½ — —
— — — 6½ —	— — — 6½ — —	55 »	65 »	73 »	85 »	97 »	113 »	129 »	153 »	177 »	217 »	240 »	283 »	— — — 6½ — —	— — — — 6½ — —
Comp. bas japonais, 8 p. pièce.	Low comp. japanese, 8 p. each.	16 50	19 50	22 50	27 »	31 50	37 50	43 50	52 50	61 50	75 »	88 50	105 »	Comp. baja japonesa 8 p. pieza	Niedere compotschüssel, Stück.
— haut — 8 — —	High — — 8 p. —	22 »	25 »	29 »	31 »	39 »	46 »	53 »	61 »	71 »	90 »	106 »	125 »	— alta — 8 — —	Hohe — —
Jatte, — 8½ —	Fruit bowl — 8½ —	27 »	31 »	35 »	41 »	47 »	55 »	64 »	75 »	87 »	105 »	123 »	145 »	Bartera 8½ —	Schale — —
Sucrier ovale, —	Oval sugardish, —	23 »	27 »	31 »	37 »	43 »	51 »	59 »	71 »	83 »	101 »	119 »	141 »	Azucarero oval, —	Zuckerdose oval, —
Service français pour 12.	French set, for 12.	343 »	398 »	458 »	505 »	618 »	728 »	808 »	1003 »	1168 »	1315 »	1621 »	1935 »	Servicio francés para 12.	Französisches service für 12.
— anglais — 12.	English — — 12.	163 »	190 »	217 »	258 »	298 »	352 »	406 »	487 »	558 »	690 »	811 »	930 »	— inglés — 12.	Englisches — — 12.
— américain — 12.	American — — 12.	222 »	262 »	302 »	362 »	422 »	503 »	582 »	702 »	822 »	1002 »	1182 »	1402 »	— americano — 12.	Amerikanisches — — 12.
— espagnol — 12.	Spanish — — 12.	270 »	319 »	380 »	390 »	450 »	539 »	619 »	730 »	872 »	1020 »	1219 »	1439 »	— español — 12.	Spanisches — — 12.
— allemand — 12.	German — — 12.	108 »	126 »	141 »	171 »	198 »	231 »	250 »	321 »	378 »	439 »	510 »	620 »	— aleman — 12.	Deutsches — — 12.
DESSERTS A FESTONS	CUT EDGE													SERVICIOS FESTONEADOS	GESCHWEIFTE SERVICE
Ass. à festons 8 p., douz.	Cut edge plates 8 inches, doz.	61 »	72 »	83 »	99 50	116 »	138 »	160 »	191 »	226 »	256 »	325 »	386 »	Platos festoneados 8 p. doc.	Geschweifte teller 8 zoll, dtz.
— — 7½ p. —	— — — 7½ — —	55 50	65 50	77 50	91 50	106 »	126 »	146 »	170 »	205 »	231 »	296 »	351 »	— — 7½ — —	— — 7½ — —
— — 6½ p. —	— — — 6½ — —	45 50	53 50	61 50	73 50	85 50	104 »	118 »	134 »	162 »	202 »	238 »	289 »	— — 6½ — —	— — 6½ — —
Ass. à fest. minces 8 p., —	Cut edge pl. thin 8 p., —	78 50	89 50	101 »	117 »	131 »	156 »	178 »	211 »	241 »	293 »	341 »	402 »	Platos delgados, 8 p. —	— — dünn 8 — —
— — — 7½ p. —	— — — — 7½ p. —	68 »	78 »	88 »	101 »	118 »	138 »	158 »	188 »	218 »	263 »	308 »	373 »	— — 7½ — —	— — 7½ — —
Compotiers pâtissier bas, pièce.	Parisian shaped stand low, each.	15 »	17 »	19 »	22 »	27 »	29 »	30 »	39 »	45 »	54 »	63 »	74 »	Pastelera pasteleria baja, pieza.	Patisseriefuss niedrig, Stück
— — hauts, —	— — — high —	20 50	23 50	27 50	31 »	35 50	41 50	45 50	56 50	65 50	73 »	92 50	109 »	— — alta, —	— — hohe, —
Compotiers parisiens bas, —	Parisian low compotier, —	19 »	22 »	25 »	29 »	31 »	40 »	45 »	55 »	64 »	78 »	91 »	108 »	— compotera baja, —	Pariser niedere compotschüssel, —
— — hauts, —	— high — —	23 »	25 »	30 »	35 »	40 »	47 »	51 »	65 »	75 »	91 »	107 »	126 »	— — alta, —	— hohe — —
Jattes — 9 pouces, —	Paris, strawberry — 9 p., —	27 »	31 »	35 »	41 »	47 »	55 »	64 »	75 »	87 »	105 »	123 »	145 »	— Bartera 9 p. —	Pariser schale 9 zoll, —
— — 9½ — —	— — — 9½ —	33 »	38 »	42 »	50 50	58 »	66 »	78 »	91 »	108 »	131 »	153 »	181 »	— — 9½ — —	— — 9½ — —
Sucrier — ovale, —	Oval sugar dish, —	21 »	28 »	32 »	38 »	44 »	52 »	60 »	72 »	81 »	102 »	120 »	142 »	Azucarero oval, —	Zuckerdose oval, —
Service français pour 12.	French set for 12.	335 »	390 »	445 »	527 »	630 »	720 »	864 »	995 »	1200 »	1307 »	1655 »	1957 »	Servicio francés para 12.	Französisches service für 12.
— anglais — 12.	English — — 12.	170 »	197 »	221 »	265 »	305 »	359 »	383 »	434 »	535 »	697 »	878 »	967 »	— inglés — 12.	Englisches — — 12.
— américain — 12.	American — — 12.	195 »	191 »	228 »	261 »	304 »	362 »	418 »	502 »	580 »	712 »	838 »	992 »	— americano — 12.	Amerikanisches — — 12.
— espagnols — 12.	Spanish — — 12.	273 »	253 »	291 »	303 »	371 »	523 »	613 »	721 »	853 »	1033 »	1213 »	1233 »	— español — 12.	Spanisches — — 12.
— allemands — 12.	German — — 12.	110 »	128 »	145 »	153 »	200 »	226 »	252 »	325 »	380 »	461 »	512 »	611 »	— aleman — 12.	Deutsches — — 12.
CORBEILLES	BASKETS													CESTAS	KORBE
Sucre à anse, pièce.	Sucher with handles, each.	21 »	23 »	25 »	28 »	31 »	35 »	39 »	45 »	51 »	60 »	69 »	80 »	Azúcar de asa, pieza	Zucker mit henkeln, Stück
Saxe rondes, —	Saxon round, —	33 50	36 50	39 50	44 »	48 50	51 50	64 50	69 50	78 50	92 »	104 »	122 »	Saxe redonda, —	Sachsisch rund —
— ovales, —	— oval, —	67 50	72 50	77 50	85 »	92 50	104 »	117 »	128 »	143 »	165 »	189 »	215 »	— oval, —	— oval, —
JARDINIÈRES	JARDINIERES													JARDINERAS	JARDINIEREN
Indienne, pièce.	Indian, each.	37 50	42 50	47 50	55 »	62 50	72 50	82 50	97 50	111 »	125 »	158 »	185 »	India, pieza.	Indisch, Stück.
Moresque 2°, —	Moresque 2°, —	33 »	37 »	41 »	47 »	54 »	61 »	70 »	81 »	92 »	111 »	129 »	151 »	Morisca 2°, —	Morisch 2°,
— 1er, —	— 1st, —	71 »	79 »	87 »	99 »	111 »	127 »	146 »	167 »	191 »	231 »	253 »	307 »	— 1°,	— 1°,
Feuille, —	Leaf, —	64 »	71 »	82 »	91 »	104 »	122 »	138 »	162 »	186 »	220 »	258 »	302 »	Hoja, —	Blatt, —
Plat à glace, —	Ice cream dish, —	31 50	36 50	41 50	49 »	58 50	66 50	76 50	91 50	107 »	129 »	152 »	179 »	Plato de helados, —	Eis schüssel, —
Coquille à — dz.	— — shells, doz.	36 »	41 »	47 »	56 »	65 »	77 »	89 »	103 »	125 »	152 »	179 »	212 »	Conchas, doc.	— muschel dtz.

TARIF SUPPLEMENTAIRE

SUPPLEMENTARY TARIFF — TARIFA SUPLEMENTARIA — SUPPLEMENT TARIF

SERVICES À THÉ	TEA WARE	P	Q	R	S	T	U	V	W	X	Y	Z	Ω	SERVICIOS PARA TÉ	THEE SERVICE
		fr. c.	fr. c.	fr. c.	fr. c.	fr. c.	fr. c.	fr. c.	fr. c.	fr. c.	fr. c.	fr. c.	fr. c.		
FORME PARISIENNE	**PARISIAN SHAPE**													**FORMA PARISIENSE**	**PARISER FORM**
Théière, pièce	Tea pot, each	15 50	17 50	19 50	22 50	25 50	28 50	30 50	39 50	45 50	51 »	63 50	71 50	Tetera, pieza	Theetopf, stück
Sucrier, —	Sugar, —	12 »	13 »	15 »	17 »	19 »	22 »	25 »	[illegible]	[illegible]	41 »	48 »	56 »	Azucarero, —	Zuckerdose, —
Crémier, —	Cream, —	8 »	9 »	10 »	11 »	13 »	15 »	15 »	20 »	23 »	27 »	32 »	37 »	Lechera, —	Milchguss, —
Bol, —	Bowl, —	6 »	7 »	8 »	10 »	11 »	13 »	15 »	18 »	21 »	25 »	30 »	36 »	Bol, —	Bol, —
Tasses à déjeuner & soucoupes, dtz	Breakfast cup & saucer, doz	108 »	124 »	142 »	162 »	190 »	232	268 »	292 »	330 »	377 »	528 »	637 »	Taza pª almuerzo y plat., dna	Frühstück tasse mit unter., dtz
— à thé, — —	Tea — —	78 »	92 »	106 »	127 »	148 »	176	204 »	219 »	288 »	351 »	411 »	494 »	— de te — —	Thee — —
— à café, — —	Coffee — —	60 »	81 »	101 »	111 »	129 »	155 »	175 »	213 »	240 »	300 »	357 »	423 »	— de cafe — —	Kaffee — —
FORME CRISTAL	**CRYSTAL SHAPE**													**FORMA CRISTAL**	**FORM CRISTAL**
Théière, pièce	Tea pot, each	21 »	23 »	26 »	29 50	33 »	38 »	43 »	51 »	58 »	69 50	81 »	91 50	Tetera, pieza	Theetopf, stück
Sucrier, —	Sugar, —	17 »	19 »	21 »	24 »	27 »	31 »	35 »	41 »	45 »	50 »	63 »	70 »	Azucarero, —	Zuckerdose, —
Crémier, —	Cream, —	13 »	14 50	16 »	18 »	20 50	24 50	26 50	31 »	35 50	42 »	50 »	57 »	Lechera, —	Milchguss, —
Bol, —	Bowl, —	10 »	11 »	13 »	15 »	17 »	20 »	23 »	28 »	32 »	39 »	46 »	54 »	Bol, —	Bol, —
Tasses à déjeuner & soucoupes, dtz	Breakfast cup & saucer, doz	132 »	152 »	172 »	202 »	232 »	272 »	312 »	372 »	432 »	522 »	612 »	722 »	Taza pª almuerzo y plat. —	Frühstück tasse mit unter., dtz
— à thé, — —	Tea — —	101	117 »	133 »	157 »	181 »	213 »	232 »	291 »	341 »	413 »	485 »	574 »	— de te — —	Thee — —
— à café, — —	Coffee — —	89 »	103 »	117 »	138 »	159 »	187 »	215 »	257 »	299 »	362 »	425 »	502 »	— de cafe — —	Kaffee — —
FORME YEDO	**YEDO SHAPE**													**FORMA YEDO**	**FORM YEDO**
Théière, pièce	Tea pot, each	21 »	23 »	26 »	29 50	33 »	38 »	43 »	51 »	58 »	69 50	81 »	91 50	Tetera, pieza	Theetopf, stück
Sucrier, —	Sugar, —	17 »	19 »	21 »	24 »	27 »	31 »	35 »	41 »	45 »	59 »	65 »	76 »	Azucarero, —	Zuckerdose, —
Crémier, —	Cream, —	13 »	14 50	16 »	18 »	20 50	23 50	26 50	31 »	35 50	42 »	49 »	57 »	Lechera, —	Milchguss, —
Bol, —	Bowl, —	10 50	12 »	13 50	16 »	18 »	21 »	24 »	28 50	33 »	40 »	46 50	55 »	Bol, —	Bol, —
Tasses à déjeuner & soucoupes, dtz	Breakfast cup & saucer, doz	138 »	158 »	178 »	208 »	238 »	278 »	318 »	378 »	438 »	528 »	618 »	728 »	Taza pª almuerzo y plat., dna	Frühstück tasse mit unter., dtz
— à thé, — —	Tea — —	108 »	124 »	140 »	164 »	188 »	220	251 »	300	348	420 »	492 »	580 »	— de te — —	Thee — —
— à café, — —	Coffee — —	96 »	110 »	124 »	145 »	166 »	194 »	222 »	264 »	306 »	369 »	432 »	508 »	— de cafe — —	Kaffee — —
PLATS À GATEAUX	**CAKE PLATES**													**PLATOS DE TÉ**	**KUCHEN SCHALEN**
Ronds, pièce	Round, each	7 »	8 »	9 »	10 50	12 »	13 »	16 »	19 »	22 »	26 50	31 »	36 50	Redondo, pieza	Rund, stück
Ovales, —	Oval, —	11 »	15 »	17 »	20	24 »	27 »	31	37 »	43 »	52 »	61 »	72 »	Oval, —	Oval, —
Tasses à thé & soucoupes creuses, dtz	Tea cup with deep saucer, doz	90 »	106 »	122 »	140 »	170 »	202 »	223	282	330 »	402 »	474 »	572 »	Taza de te y platos huecos, dna	Thee tasse mit tiefe untertasse —
— à café — —	Coffee — —	78 »	92 »	104 »	127 »	148 »	176	204	246	288 »	351 »	414 »	494 »	— de cafe —	Kaffee — —
— à thé à assiette sandwich —	Tea cup with sandwich saucer —	107 »	161 »	185 »	221 »	257 »	305 »	342	425 »	497 »	605 »	713 »	845 »	Taza de te y platillos de sandwich —	Thee tasse mit untertasse für sandwich —
— à café — —	Coffee — —	130 »	153 »	176 »	210 »	245 »	291 »	347	403 »	473 »	578 »	682 »	808 »	— de cafe —	Kaffee — —
DIVERS	**VARIOUS**													**VARIOS**	**VERSCHIEDENES**
[illegible] 1er, pièce	[illegible] 1st, each	17 »	20 »	22 »	26 »	29 »	35 »	42 »	47 »	55 »	66 »	77 »	91 »	[illegible] 1º, pieza	[illegible] 1º, stück
— 2e, —	— 2d, —	14 »	16 »	18 »	21 »	24 »	28 »	32 »	38 »	44 »	53 »	62 »	73 »	— 2º, —	— 2º, —
— 3e, —	— 3d, —	11 »	12 »	14 »	16 »	18 »	21 »	24 »	29 »	33 »	40 »	47 »	55 »	— 3º, —	— 3º, —
Plats creux à anse 6 p. —	Handled baker 6 p., —	12 »	14 »	16 »	19 »	22 »	26 »	30 »	36 »	42 »	51 »	60 »	71 »	Fuentes huecas y asas 6 p. —	Tief schüssel mit henkel 6 p. —
— — 7 p. —	— — 7 p. —	15 »	17 »	20 »	23 50	27 »	32 »	37 »	45 »	52 »	63 50	75 »	88 50	— — 7 p. —	— — 7 p. —
— — 8 p. —	— — 8 p. —	17 50	20 50	23 50	28 »	32 50	38 50	44 50	53 50	62 50	76 »	89 50	106 »	— — 8 p. —	— — 8 p. —
Compotiers 5 p. —	Compotier 5 p. —	7 »	8 »	9 »	10 »	12 »	14 »	16 »	19 »	22 »	26 »	31 »	36 »	Compoteras con asas 5 p. —	Compotschüssel 5 p. —
— 8 p. —	— 8 p. —	12 50	14 50	16 50	19 50	22 50	26 50	30 50	36 50	42 50	51 50	60 50	71 50	— — 8 p. —	— 8 p. —
Plateaux de théière ovales —	Tea pot tray oval —	7 50	8 50	9 50	11 »	12 50	14 50	16 50	19 50	22 50	27 »	31 50	37 »	Platillos de tetera ovalados —	Plateau für theetopf oval —
— — carrés 4e —	— — square 4th —	8 »	9 »	10 »	11 50	13 »	15 »	17 »	20 »	23 »	27 50	32 »	37 50	— — cuadrados 4º —	— — viereckig 4º —
— — 9e —	— — 9th —	13 »	14 »	16 »	18 »	20 »	23 »	26 »	31 »	35 »	42 »	49 »	57 »	— — 9º —	— — 9º —
Solitaire Papillons —	Single [illegible] butterfly —	37 »	43 »	49 »	58	67 »	79 »	91 »	109 »	127 »	154 »	181 »	214 »	Solitarios mariposas —	Solitaires schmetterling —
Tête-à-tête — —	Tea set — —	55 50	64 50	73 50	87 »	101 »	119 »	137 »	164 »	191 »	231 »	272 »	324 »	Tete-a-tete — —	Tete a tete — —
— Yedo —	— Yedo —	73 »	85 »	96 »	110 »	125 »	145 »	165 »	195 »	225 »	270 »	315 »	370 »	— yedo —	— yedo —
Garnitures de boudoir —	Boudoir set —	35 »	41 »	47	56 »	65 »	77	89 »	107 »	125 »	152 »	179 »	212 »	Necesarios de tocador —	Boudoir garnitur —

TARIF DES FAÏENCES

FAIENCES H & Cᵒ.

Dans les faïences de Haviland & Cᵒ, les matières, les émaux, les procédés de peinture varient à l'infini, suivant l'effet décoratif qu'on veut obtenir. Ces faïences peuvent être classées en six groupes principaux :

1ᵉʳ groupe : Faïences *crème ;*
2ᵉ — Faïences *peintures émaillées ;*
3ᵉ — Faïences *fresque au grand feu ;*
4ᵉ — Faïences *émaux dorés ;*
5ᵉ — Faïences *émaux limousins ;*
6ᵉ — Faïences *sculptées.*

1° Les *faïences crème* doivent leur nom au ton particulier de la matière d'un blanc de crème. Elles sont décorées de la façon la plus variée, avec peintures sous émail ou avec émaux translucides, avec ou sans ornements d'or.

2° Les *peintures émaillées* ont la vigueur de ton, la richesse et la variété des peintures à l'huile. Comme analogie de procédé de peinture et comme aspect, ces faïences sont véritablement des peintures à l'huile recouvertes d'émail et rendues indestructibles par le feu.

3° La *fresque au grand feu* reproduit exactement l'effet des fresques murales. Ce procédé est particulièrement approprié à la grande décoration architecturale et à des panneaux ou tableaux de toutes dimensions.

4° Les *émaux dorés* rappellent tantôt les anciennes laques de Chine, tantôt des vases en pierres précieuses. L'ornementation varie au gré de l'artiste.

5° Les *émaux limousins* ont une frappante analogie d'aspect avec les anciens émaux des Pénicaud et des Léonard Limousin.

6° Les *faïences sculptées* sont des terres cuites, peintes tantôt sous émail, tantôt en fresque au grand feu. Les figures seules ne sont jamais peintes. Chaque pièce de faïence sculptée est le modèle original signé par l'artiste, et jamais aucune pièce sculptée n'est reproduite par le moulage. Une pièce de faïence sculptée signée : Delaplanche, Falguière, Noël, Aubé, Lindeneher, est donc une œuvre d'art originale dans la plus haute acception du mot.

Toutes les peintures des *faïences peintes* sont également signées par des artistes d'un talent universellement reconnu.

PATE TENDRE H & Cᵒ.

Haviland & Cᵒ emploient les pâtes tendres pour certaines décorations qui ne peuvent avoir toute leur richesse d'aspect sur aucune autre matière, — *les émaux* transparents de Chine, par exemple (turquoise, violet, rose, jaune, etc.).

PRIX ET MARQUES.

On remarquera que notre tarif de faïences est peu précis, et que, pour une même décoration, il y a cinq prix différents correspondant aux cinq marques A, B, C, D, E. Dans notre tarif de porcelaines, nous donnons des prix exacts et précis, parce que ces prix s'appliquent à une décoration exactement déterminée. Mais pour les faïences nous ne pouvons donner qu'un aperçu des prix, parce que ceux-ci varient avec la décoration et le talent du peintre. Les pièces tout à fait exceptionnelles sont nécessairement en dehors du tarif.

Toutes les pièces sont marquées HAVILAND & Cᵒ / Limoges ou H & Cᵒ / L. avec le numéro de la forme.

CONDITIONS.

Les prix de ce tarif sont ceux de la fabrique, à Auteuil, emballage en plus. Tous ordres venant de l'étranger doivent être accompagnés d'une lettre de crédit réalisable à Paris.

NOTA.

Les marques, formes et décors de Haviland & Cᵒ sont déposés et protégés contre toute contrefaçon.

FAIENCES H & C°.

In Haviland & C°'s *faiences*, the materials, enamels, process of painting, are infinitely varied according to the desired decorative effect. Those faiences may be classified in six groups, viz.

1st group : *Cream faiences;*
2d — *Enamelled paintings;*
3d — *Grand fire fresco paintings;*
4th — *Gilt enamels;*
5th — *Limoges enamels;*
6th — *Sculptured faiences.*

1st. The *Cream faiences* are thus named on account of their special milk-white colour. They are decorated in the most varied manner with paintings under the enamel or with translucid enamels, with or without gilt ornaments.

2d. The *Enamelled Paintings* possess the vigorous tone, the richness and variety of oil painting. The process of painting and the appearance are so alike, that those faiences may be said to be oil paintings covered with enamel and made indestructible by fire.

3d. The *Grand Fire Fresco* is an exact representation of the wall Fresco painting. This process is especially adapted for architectural ornamentation and for panels or tableaux of all sizes.

4th. The *Gilt enamels* reproduce the old Chinese lac-paintings, or vases of precious stones. The ornamentation is varied according to the artist's fancy.

5th. The *Limoges Enamels* are very similar in appearance to the ancient enamels of Penicaud and Leonard Limousin.

6th. The *Sculptured faiences* are painted either under the enamel or in grand fire Fresco. — The figures alone are never painted. Each piece of sculptured faiences is the model itself signed by the artist; no sculptured faience is ever reproduced by moulding. A sculptured faience signed : Delaplanche. Falguière, Noel, Aubé. Lindenehor, is therefore an original production of real artistic value.

All the enamelled paintings are also signed by artists of universally known talent

H & C°'s PATE TENDRE.

Haviland & C° make use of the *Pâte tendre* for ornamentations which cannot attain their entire richness of appearance upon any other material, for instance, the ancient transparent Chinese Enamels (turquoise, violet, pink, yellow, etc).

PRICES AND MARKS.

It will be observed that our price list for Earthenware is not very precise and that for a same ornamentation there are 5 different prices, corresponding to the 5 marks A, B, C, D, E. In our tariff of porcelain we give exact prices because these are applied to an exactly determined ornamentation. But for *faiences* we can only give an approximative idea of prices, because these prices vary with the talent of the painter. The tariff cannot be applied to entirely exceptional pieces.

Every piece is marked HAVILAND & C° / Limoges or H & C° / L. The number designating the shape is also stamped under each vase.

TERMS.

The prices quoted in this tariff are those of the manufactory, at Auteuil. Packing and carriage to be added. — No allowance for breakage.
Orders executed only on receipt of a bank credit on Paris.

NOTICE.

Haviland et Co's marks, shapes and decorations are all registered and protected against counterfeiting.

FAIENCES H.&C°.

En las «faiences» de Haviland & C° las materias, los esmaltes y los procedimientos de pintura varian á la infinito segun el efecto decorativo que se quiere obtener. Estas «faiences» pueden clasificarse en 6 grupos principales, à saber:

1. grupo « *Faiences* » *crema*;
2. — « *faiences* » *con pinturas esmaltades*;
3. — « *faiences* » *fresco al gran fuego*,
4. — « *faiences* » *con esmaltes dorados*;
5. — « *faiences* » *con esmaltes limosinos*;
6. — « *faiences* » *esculpidas*.

1° Las *faiences crema* debon su nombre al tono especial de la materia, que es de un blanco de nata de leche, se decoran en la manera mas variada con pinturas bajo esmalte ó con esmaltes traslucidos, con ó sin ornamentos en oro.

2° Las *pinturas esmaltadas* tienen el vigor de tono, la riqueza y variedad de las pinturas al oleo. Como analogia de procedimiento de pintura y como aspeto, estas «faiences» son verdaderas pinturas al oleo cubiertas con esmalte y que el fuego hace indestructibles.

3° El *fresco al gran fuego* reproduce exactamente el efecto de los frescos murales. Este procedimiento es particularmente proprio para la grande decoracion arquitectónica y para paños y cuadros de cualquier tamaño.

4° Los *esmaltes dorados* recuerdan ya los antiquos lacos de china, ya vasos en piedras presiosas. La ornamentacion varia á capricho del artista.

5° Los *esmaltes limosinos* tienen mucha analogia en el aspeto con los antiquos esmaltes de Penicaud y de Leonardo Limosin.

6° Las *faiences esculpidas* son tierras cocidas, pintadas ora bajo el esmalte, ora al fresco à gran fuego. Pero las figuras nunca se pintan. Cada pieza de faience esculpida es el modelo original firmado por el artista, y jamas se reproduce por el moldaje cualquier pieza esculpida. Una pieza de *faience esculpida* firmada: Delaplanche, Falguière, Noel, Aubé, Lindeneher, es pues una obra de arte original en el sentido mas alto de la palabra.

Todas las pinturas de las *faiences pintadas* son firmadas igualmente por artistas de un talento universalmente reconocido.

PATE TENDRE H.&C°.

Haviland & C° emplean las «*pâtes tendres*» para algunas decoraciones que no pueden tener toda su riqueza de aspeto sobre cualquier otra materia, por exemplo los esmaltes trasparentes de china (turquesa, violado, rosa, amarillo, etc.)

PRECIOS Y MARCAS.

Se notaria que nuestra tarifa de «*faiences*» tiene poca precision y que para una misma decoracion son 5 precios diferentes que corresponden à las 5 marcas A, B, C, D, E. En nuestra tarifa de *porcelanas*, damos precios exactos porque dichos precios corresponden à una decoracion exactamente determinada. Pero, para las «*faiences*» podemos dar solamente una idea de los precios, pues estos varian segun la decoracion y el talento del pintor. Las piezas excepcionales son necesariamente dejadas fuera de la tarifa.

Todas la piezas llevan la marca $\frac{\text{HAVILAND \& C°}}{\text{Limoges.}}$ ó $\frac{\text{H. \& C.}}{\text{L.}}$ con el numero de la forma.

CONDICIONES.

Los precios de esta tarifa son los de la fabrica, en Auteuil, no comprendido el empaque. Todo pedido del estranjero tiene que ser acompañado con una carta de crédito a cobrarse en Paris.

NOTA.

Las marcas, formas y decoraciones de Haviland y C° tienen privilegio exclusivo para evitar falsificacion.

FAIENCES H & Co.

Bei den Faiencen Haviland & Co wechseln die Stoffe, die Glasuren, das Malerei-Verfahren bis ins Unendliche nach dem verzierenden Eindruck den man erhalten will. Die Steingüter kœnnen in 6 Haupt-Gruppen eingetheilt werden:

1. Gruppe: Das *Crème-Faience;*
2. — Faience mit *emaillirten Malereien;*
3. — Faience, *frescen mit scharfen feuer;*
4. — Faience mit *vergoldeten Glasuren;*
5. — Faience mit *limosiner Glasuren;*
6. — *Ausgehauene Faience.*

1. Die *Crème-Faïence* haben ihren Namen von dem Stoffe einer besonderen Crème Weisse. Sie sind auf die verænderlichste Weise dekorirt mit Malereien ohne Glasur oder mit durchscheinenden Glasuren, mit oder ohne vergoldeten Verzierungen.

2. Die *emaillirten Malereien* besitzen die Charakterkraft, den Reichthum und die Verschiedenheit der Oelgemælde. Als Malerei-Verfahren und betreffend der Aehnlichkeit des Anblicks sind diese Faience in der That mit Glasuren bedeckte und durch das Feuer unzerstœrbar gewordene Oelgemælde.

3. Die *Frescen mit scharfen Feuer* erzeugen genau den Eindruck der Wandfresken. Dieses Verfahren ist besonders der bedeutenden baukünstlichen Verzierung und Flæchen oder Gemælden aller Dimensionen angepasst.

4. Die *vergoldeten Glasuren* erinnern bald an die ælteren China-Lacken, bald an Gefæsse von kostbaren Steinen. Die Verzierung wechselt nach Belieben des Künstlers.

5. Die *limosiner Glasuren* haben eine treffende Ansichts-Aehnlichkeit mit den ælteren Glasuren von Peinicaud und von Leonard Limousin.

6. Die *ausgehauene Faïence* sind gebrannte Tœne, bald ohne Glasur, bald in Fresko mit scharfem Feuer gemalt. Allein die Figuren sind niemals gemalt. Jedes Stück ausgehauener Faience ist das durch den Künstler unterzeichnete Original-Modell, und niemals wird ein ausgehauenes Stück wieder durch den Abdruck erzeugt. Ein Stück ausgehauener Faience, gezeichnet: Falguière, Delaplanche, Noël, Aubé, Lindeneher, ist also in der grœssten Bedeutung des Wortes ein künstlerisches Original-Werk.

Alle Gemælde der gemalten Faience sind ebenfalls durch Künstler eines allgemein bekannten Talentes unterzeichnet.

PATE TENDRE H & Co.

Haviland & Co gebraucht die « Pâtes tendres » für gewisse Verzierungen, welche ihren vollstændigen Anblicks-Reichthum auf keinem andern Stoffe erreichen kœnnen; die durchsichtigen China-Glasuren zum Beispiel (türkisches, violet, rosenroth, gelb u. s. w.)

PREIS UND MARKE.

Man wird wahrnehmen, dass unser Tarif wenig bestimmt ist, und dass für eine gleiche Verzierung 5 verschiedene Preise bestehen, den Marken A, B, C, D, E entsprechend. In unserm Porzellan-Tarif geben wir die Preise exact und genau an, indem diese Preise sich auf eine genau bestimmte Verzierung legen. Aber für die Faience kœnnen wir blos einen Preis-Ueberblick angeben, da dieselben mit der Verzierung und dem Talent des Malers wechseln. Die ganz ausnahmsweisen Stücke werden natürlicherweise ausser dem Tarif berechnet. Sæmmtliche Stücke werden $\frac{\text{HAVILAND \& C}^{\text{o}}}{\text{Limoges}}$ oder $\frac{\text{H. \& C}^{\text{o}}}{\text{L.}}$ mit der Formnummer bezeichnet.

BEDINGUNGEN.

Die Preise dieses Tarifs sind diejenigen der Fabrik zu Auteuil, die Einpackung nicht berechnet. Jeder Auftrag muss mit einem Kreditbrief auf Paris begleitet sein.

NOTE.

Die Zeichen, Formen und Verzierungen von Haviland & Co sind deponirt und gegen alle Nachahmung geschützt.

VASE NENUPHAR

Sculpté par Édouard Lindeneher.

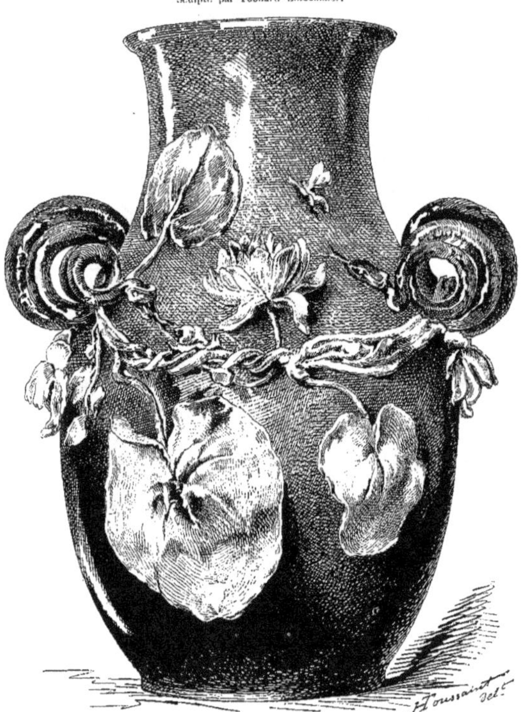

Hauteur : 65 centimètres ; Prix : 375 fr.

VASES

Sculptés par Paul Aubé.

N° 40.

Hauteur : 41 centimètres; Prix : 185 fr.

N° 56 (3e gr.).

Hauteur : 35 centimètres; Prix : 100 fr.

N° 23.

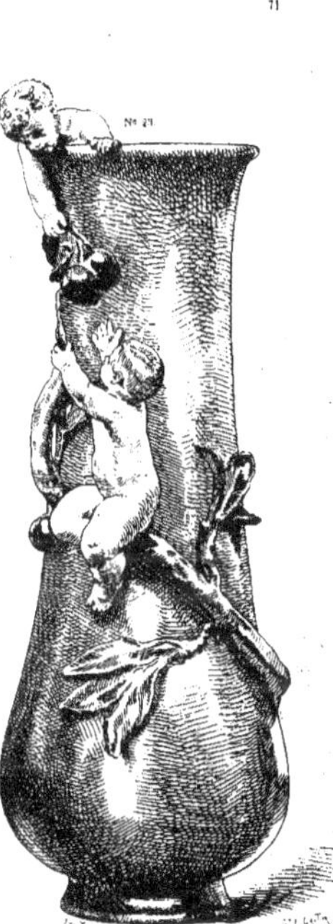

Hauteur : 45 centimètres; Prix : 175 fr.

PEINTURES ÉMAILLEES

ENAMELLED PAINTINGS — PINTURAS ESMALTADAS

EMAILLIRTEN MALEREIN

NUMÉROS des Formes	HAUTEUR des Pièces	FLEURS PEINTES A fr. c.	B fr. c.	C fr. c.	D fr. c.	E fr. c.	SUJETS PEINTS A fr. c.	B fr. c.	C fr. c.	D fr. c.	E fr. c.	FEUILLAGES SCULPTÉS A fr. c.	B fr. c.	C fr. c.	D fr. c.	E fr. c.	FIGURES SCULPTÉES A fr. c.	B fr. c.	C fr. c.	D fr. c.	E fr. c.	DORURE (EN PLUS) simple fr. c.	moyenne fr. c.	riche fr. c.
Vase n° 37, (prix par pièce)	32 centimètres	36 »	42 »	48 »	54 »	60 »	44 »	50 »	57 »	64 »	70 »	50 »	58 »	66 »	75 »	85 »	60 »	70 »	80 »	90 »	100 »	15 »	25 »	40 »
— 41, — / — 47, —	33 — / 33 —	33 »	38 »	43 »	48 »	53 »	40 »	46 »	52 »	58 »	64 »	45 »	52 »	60 »	67 »	75 »	55 »	65 »	75 »	85 »	95 »	10 »	20 »	30 »
— 26, — / — 31, —	31 — / 31 —	30 »	35 »	40 »	45 »	50 »	36 »	42 »	48 »	54 »	60 »	40 »	46 »	51 »	60 »	66 »	50 »	58 »	66 »	75 »	85 »	10 »	20 »	30 »
— 28, —	35 —	60 »	70 »	80 »	90 »	100 »	70 »	80 »	90 »	100 »	110 »	80 »	92 »	105 »	118 »	130 »	95 »	110 »	125 »	140 »	160 »	20 »	40 »	60 »
— 43, —	22 —	20 »	23 »	26 »	29 »	34 »	24 »	28 »	32 »	36 »	40 »	28 »	32 »	36 »	40 »	45 »	35 »	40 »	45 »	50 »	55 »	8 »	15 »	20 »
— 38, —	23 —	23 »	26 »	29 »	32 »	35 »	28 »	32 »	36 »	40 »	45 »	32 »	37 »	41 »	45 »	50 »	40 »	45 »	50 »	55 »	60 »	8 »	15 »	20 »
— 1 2e gr. —	19 —	12 »	14 »	16 »	18 »	20 »	15 »	18 »	21 »	24 »	27 »	18 »	21 »	24 »	27 »	30 »	25 »	30 »	35 »	40 »	45 »	5 »	10 »	15 »
— 1 1er gr. —	25 —	20 »	23 »	26 »	29 »	32 »	24 »	28 »	32 »	36 »	40 »	28 »	32 »	36 »	40 »	45 »	35 »	40 »	45 »	50 »	55 »	8 »	15 »	20 »
— 23, —	19 —	18 »	21 »	24 »	27 »	30 »	22 »	25 »	28 »	31 »	38 »	25 »	30 »	34 »	36 »	40 »	32 »	37 »	42 »	47 »	52 »	8 »	15 »	20 »
— 7 3e gr. —	22 —	23 »	26 »	29 »	32 »	35 »	28 »	32 »	36 »	40 »	45 »	32 »	37 »	41 »	45 »	50 »	40 »	45 »	50 »	55 »	60 »	8 »	16 »	20 »
— 39, —	14 —	26 »	30 »	34 »	38 »	42 »	32 »	37 »	42 »	47 »	52 »	35 »	40 »	45 »	50 »	55 »	45 »	50 »	55 »	60 »	65 »	8 »	15 »	20 »

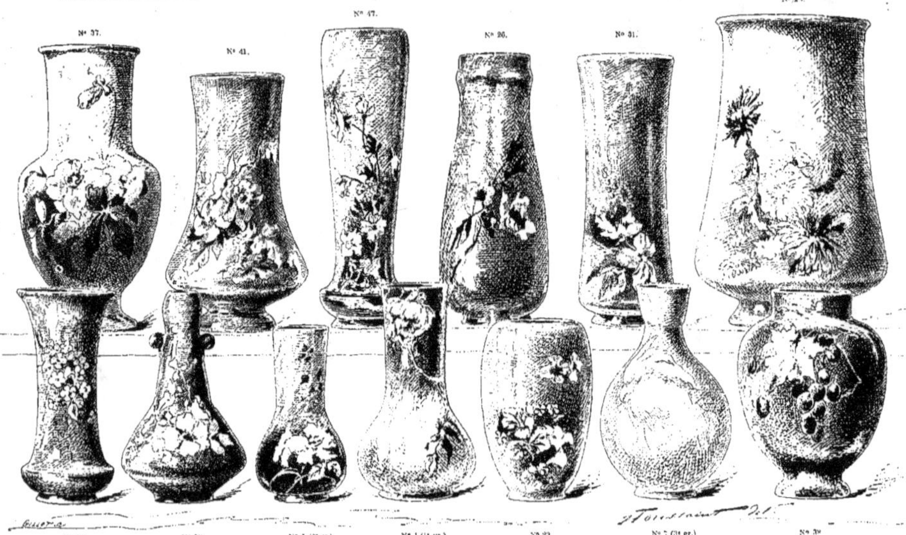

N° 37. N° 41. N° 47. N° 26. N° 31. N° 28.

N° 43. N° 38. N° 1 (2e gr.) N° 1 (1er gr.) N° 23. N° 7 (3e gr.) N° 39.

PEINTURES ÉMAILLÉES

ENAMELLED PAINTINGS — PINTURAS ESMALTADAS — EMAILLIRTEN MALEREIN

NUMÉROS des Formes		HAUTEUR des Pièces	FLEURS PEINTES					SUJETS PEINTS					FEUILLAGES SCULPTÉS					FIGURES SCULPTÉES					DORURE (EN PLUS)		
			A	B	C	D	E	A	B	C	D	E	A	B	C	D	E	A	B	C	D	E	simple	moyenne	riche
			fr. c.	fr. c.	fr. c.	fr. c.	fr. c.	fr. c.	fr. c.	fr. c.	fr. c.	fr. c.	fr. c.	fr. c.	fr. c.	fr. c.	fr. c.	fr. c.	fr. c.	fr. c.	fr. c.	fr. c.	fr. c.	fr. c.	fr. c.
Pichet n° 41.	(prix par pièce)	31 centimètres.	55 »	63 »	70 »	78 »	85 »	65 »	75 »	85 »	95 »	105 »	75 »	85 »	95 »	105 »	115 »	85 »	95 »	105 »	115 »	125 »	20 »	35 »	50 »
— 13.	—	29 —	45 »	72 »	58 »	65 »	72 »	55 »	65 »	75 »	85 »	95 »	65 »	75 »	85 »	95 »	105 »	75 »	85 »	95 »	105 »	115 »	15 »	25 »	40 »
— 2, 1re.	—	31 —	55 »	63 »	70 »	78 »	85 »	65 »	75 »	85 »	95 »	105 »	75 »	85 »	95 »	105 »	115 »	85 »	95 »	105 »	115 »	125 »	20 »	35 »	50 »
— 2, 2e.	—	27 —	35 »	40 »	45 »	50 »	55 »	42 »	48 »	54 »	60 »	66 »	50 »	58 »	66 »	75 »	85 »	60 »	70 »	80 »	90 »	100 »	15 »	25 »	40 »
— 2, 3e.	—	23 —	25 »	28 »	31 »	34 »	37 »	30 »	34 »	38 »	42 »	46 »	35 »	40 »	45 »	50 »	55 »	45 »	54 »	60 »	67 »	75 »	10 »	18 »	25 »
— 1, 1re.	—	22 —	22 »	25 »	28 »	31 »	34 »	26 »	30 »	34 »	38 »	42 »	30 »	35 »	40 »	45 »	50 »	37 »	43 »	50 »	56 »	63 »	10 »	18 »	25 »
— 1, 2e.	—	19 —	14 »	16 »	18 »	20 »	22 »	17 »	20 »	23 »	26 »	30 »	20 »	23 »	26 »	30 »	35 »	27 »	31 »	35 »	40 »	45 »	8 »	15 »	20 »
— 94.	—	20 —	20 »	23 »	26 »	29 »	32 »	24 »	28 »	31 »	36 »	40 »	28 »	32 »	36 »	41 »	45 »	35 »	40 »	45 »	50 »	55 »	10 »	18 »	25 »
Panier n° 50.	—	18 —	35 »	40 »	45 »	50 »	55 »	42 »	48 »	54 »	60 »	66 »	50 »	58 »	66 »	75 »	85 »	60 »	70 »	80 »	90 »	100 »	15 »	25 »	40 »

N° 13. — N° 41. — N° 2 (2e gr.). — N° 2 (1e gr.).

N° 50. — N° 1 (2e gr.). — N° 1 (1e gr.). — N° 98. — N° 2 (2e gr.).

PEINTURES ÉMAILLÉES

ENAMELLED PAINTINGS — PINTURAS ESMALTADAS — EMAILLIRTEN MALEREIN

Numéros des Formes		Hauteur des Pièces	Fleurs peintes A	B	C	D	E
			fr. c.	fr. c.	fr. c.	fr. c.	fr. c.
Vase n° 31,	(prix par pièce).	27 centimètres.	45 »	52 »	58 »	65 »	72 »
Cachepot — 16,	—	21 —	40 »	46 »	52 »	58 »	65 »
Jardinière — 9,	—	21 —	50 »	58 »	66 »	75 »	85 »
— — 6,	—	36 —	70 »	80 »	90 »	100 »	110 »
— — 5, 1re,	—	30 —	90 »	100 »	110 »	125 »	140 »
— — 5, 2e,	—	15 —	40 »	46 »	52 »	58 »	65 »
— — 5, 3e,	—	12 —	20 »	23 »	26 »	29 »	32 »

Numéros des Formes	Sujets peints A	B	C	D	E	Feuillages sculptés A	B	C	D	E
	fr. c.	fr. c.	fr. c.	fr. c.	fr. c.	fr. c.	fr. c.	fr. c.	fr. c.	fr. c.
Vase n° 31	55 »	65 »	75 »	85 »	95 »	65 »	75 »	85 »	95 »	105 »
Cachepot — 16	50 »	58 »	66 »	75 »	85 »	55 »	65 »	75 »	85 »	95 »
Jardinière — 9	60 »	70 »	80 »	90 »	100 »	65 »	75 »	85 »	95 »	105 »
— — 6	85 »	95	105 »	120 »	135 »	90 »	100 »	110 »	125 »	140 »
— — 5, 1re	110 »	125	140 »	155 »	170 »	120 »	135 »	150 »	165 »	180 »
— — 5, 2e	50 »	58 »	66 »	75 »	85 »	55 »	63 »	70 »	78 »	85 »
— — 5, 3e	24 »	28 »	32 »	36 »	40 »	28 »	32 »	36 »	40 »	45 »

Numéros des Formes	Figures sculptées A	B	C	D	E	Dorure (en plus) simple	moyenne	riche
	fr. c.	fr. c.	fr. c.	fr. c.	fr. c.	fr. c.	fr. c.	fr. c.
Vase n° 31	75 »	85 »	95 »	105 »	115 »	20 »	35 »	50 »
Cachepot — 16	65 »	75 »	85 »	95 »	105 »	20 »	35 »	50 »
Jardinière — 9	80 »	90 »	100 »	110 »	120 »	20 »	40 »	60 »
— — 6	110 »	125 »	140 »	155 »	170 »	30 »	60 »	90 »
— — 5, 1re	150 »	170 »	190 »	210 »	230 »	30 »	60 »	90 »
— — 5, 2e	65 »	75 »	85 »	95 »	105 »	15 »	30 »	45 »
— — 5, 3e	35 »	40 »	45 »	50 »	55 »	8 »	15 »	25 »

N° 31. N° 16. N° 9. N° 6.

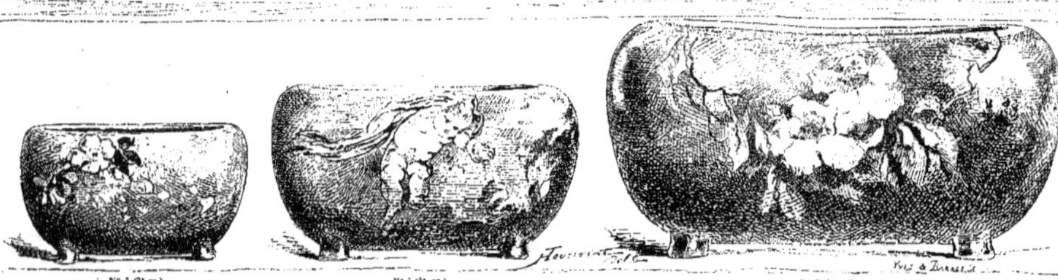

N° 5 (3e gr.). N° 5 (2e gr.). N° 5 (1re gr.).

PEINTURES ÉMAILLÉES

ENAMELLED PAINTINGS — PINTURAS ESMALTADAS — EMAILLIRTEN MALEREIN

Numéros des Formes	Hauteur des Pièces	Fleurs peintes A	Fleurs peintes B	Fleurs peintes C	Fleurs peintes D	Fleurs peintes E	Sujets peints A	Sujets peints B	Sujets peints C	Sujets peints D	Sujets peints E	Feuillages sculptés A	Feuillages sculptés B	Feuillages sculptés C	Feuillages sculptés D	Feuillages sculptés E	Figures sculptées A	Figures sculptées B	Figures sculptées C	Figures sculptées D	Figures sculptées E	Dorure (en plus) simple	Dorure (en plus) moyenne	Dorure (en plus) riche
		fr. c.	fr. c.	fr. c.	fr. c.	fr. c.	fr. c.	fr. c.	fr. c.	fr. c.	fr. c.	fr. c.	fr. c.	fr. c.	fr. c.	fr. c.	fr. c.	fr. c.	fr. c.	fr. c.	fr. c.	fr. c.	fr. c.	fr. c.
Vase n° 50. — prix par pièce	45 centimètres	8 »	9 »	10 »	12 »	14 »	..	..	..	..	..	16 »	18 »	20 »	23 »	26 »	..	..	..	..	..			
— 17. —	41 —	10 »	11 »	12 »	14 »	16 »	..	..	..	..	..	20 »	22 »	25 »	28 »	32 »	..	..	..	..	..			
— 51. —	15 —	9 »	10 »	11 »	13 »	15 »	..	..	..	..	..	18 »	20 »	22 »	25 »	28 »	..	..	..	..	..			
— 64. —	12 —	10 »	11 »	12 »	14 »	16 »	..	..	..	..	..	20 »	22 »	25 »	28 »	32 »	..	..	..	..	..	5 »	10 »	15 »
— 22. —	13 —	6 »	7 »	8 »	9 »	10 »	..	..	..	..	..	14 »	16 »	18 »	20 »	23 »	..	..	..	..	..			
— 65. —	8 —	9 »	10 »	11 »	13 »	15 »	..	..	..	..	..	18 »	20 »	22 »	25 »	28 »	..	..	..	..	..			
— 90. —	12 —	10 »	11 »	12 »	14 »	16 »	..	..	..	..	..	20 »	22 »	25 »	28 »	32 »	..	..	..	..	..			
— 11. —	42 —	90 »	105 »	120 »	135 »	150 »	110 »	125 »	140 »	155 »	170 »	120 »	135 »	150 »	170 »	190 »	145 »	165 »	185 »	200 »	225 »	30 »	60 »	90 »
— 7. 1er. —	31 —	52 »	60 »	68 »	76 »	85 »	62 »	72 »	82 »	90 »	100 »	70 »	80 »	90 »	100 »	110 »	80 »	90 »	100 »	110 »	120 »	20 »	35 »	50 »
— 13. —	32 —	70 »	80 »	90 »	100 »	115 »	85 »	95 »	105 »	115 »	130 »	100 »	115 »	130 »	145 »	160 »	115 »	130 »	145 »	160 »	175 »	30 »	60 »	90 »
— 19. —	42 —	90 »	105 »	120 »	135 »	150 »	110 »	125 »	140 »	155 »	170 »	120 »	135 »	150 »	170 »	190 »	145 »	165 »	185 »	200 »	225 »	30 »	60 »	90 »

N° 50. N° 17. N° 51. N° 64. N° 22. N° 65. N° 90.

N° 11. N° 7 (1er gr.) N° 13. N° 19.

PEINTURES EMAILLÉES

ENAMELLED PAINTINGS — PINTURAS ESMALTADAS

EMAILLIRTEN MALEREIN

Numéros des Formes	Hauteur des Pièces	Fleurs peintes A	B	C	D	E	Sujets peints A	B	C	D	E	Feuillages sculptés A	B	C	D	E	Figures sculptées A	B	C	D	E	Dorure (en plus) simple	moyenne	riche
		fr. c.	fr. c.	fr. c.	fr. c.	fr. c.	fr. c.	fr. c.	fr. c.	fr. c.	fr. c.	fr. c.	fr. c.	fr. c.	fr. c.	fr. c.	fr. c.	fr. c.	fr. c.	fr. c.	fr. c.	fr. c.	fr. c.	fr. c.
Vase, nº 56, 1re, (prix par pièce).	55 centimètres.	175 »	200 »	225 »	250 »	275 »	200 »	230 »	270 »	300 »	325 »	225 »	255 »	285 »	320 »	350 »	250 »	285 »	320 »	360 »	400 »	50 »	100 »	150 »
— — 2e, —	45 —	125 »	145 »	165 »	185 »	200 »	150 »	175 »	200 »	225 »	250 »	175 »	200 »	225 »	250 »	275 »	200 »	225 »	250 »	275 »	300 »	40 »	80 »	125 »
— — 3e, —	35 —	75 »	85 »	95 »	110 »	125 »	90 »	105 »	120 »	135 »	150 »	100 »	115 »	130 »	145 »	160 »	120 »	140 »	160 »	180 »	200 »	30 »	60 »	100 »
— — 4e, —	22 —	25 »	30 »	34 »	38 »	42 »	30 »	35 »	40 »	45 »	50 »	33 »	40 »	45 »	50 »	55 »	40 »	45 »	50 »	55 »	60 »	15 »	30 »	50 »

Nº 56 (2e gr.). — Nº 56 (4e gr.). — Nº 56 (3e gr.). — Nº 56 (1e gr.).

PEINTURES ÉMAILLÉES

ENAMELLED PAINTINGS — PINTURAS ESMALTADAS

EMAILLIRTEN MALEREIN

NUMEROS des Formes	HAUTEUR des Pièces	FLEURS PEINTES					SUJETS PEINTS					FEUILLAGES SCULPTÉS					FIGURES SCULPTÉES					DORURE (EN PLUS)		
		A	B	C	D	E	A	B	C	D	E	A	B	C	D	E	A	B	C	D	E	simple	moyenne	riche
		fr. c.	fr. c.	fr. c.	fr. c.	fr. c.	fr. c.	fr. c.	fr. c.	fr. c.	fr. c.	fr. c.	fr. c.	fr. c.	fr. c.	fr. c.	fr. c.	fr. c.	fr. c.	fr. c.	fr. c.	fr. c.	fr. c.	fr. c.
Vase, n° 45, 1re (prix par pièce).	45 centimètres.	150 »	175 »	200 »	225 »	250 »	175 »	200 »	225 »	250 »	275 »	200 »	230 »	260 »	290 »	325 »	225 »	255 »	285 »	320 »	350 »	50 »	100 »	150 »
— — 2e. —	37 —	100 »	115 »	130 »	150 »	175 »	125 »	145 »	165 »	185 »	200 »	150 »	175 »	200 »	225 »	250 »	175 »	200 »	225 »	250 »	275 »	40 »	80 »	125 »
— — 3e. —	30 —	65 »	75 »	85 »	95 »	110 »	80 »	90 »	100 »	115 »	130 »	90 »	105 »	120 »	135 »	150 »	110 »	125 »	140 »	135 »	175 »	30 »	60 »	100 »
— — 4e. —	19 —	24 »	28 »	32 »	36 »	40 »	28 »	33 »	38 »	43 »	48 »	34 »	38 »	43 »	48 »	53 »	40 »	45 »	50 »	55 »	60 »	15 »	30 »	50 »

N° 45 (3e gr.). N° 45 (1e gr.).

PEINTURES ÉMAILLÉES

ENAMELLED PAINTINGS — PINTURAS ESMALTADAS — EMAILLIRTEN MALEREIN

NUMÉROS des Formes	HAUTEUR des Pièces	FLEURS PEINTES A		B		C		D		E		SUJETS PEINTS A		B		C		D		E		FEUILLAGES SCULPTÉS A		B		C		D		E		FIGURES SCULPTÉES A		B		C		D		E		DORURE (EN PLUS) simple		moyenne		riche	
		fr.	c.	fr.	c.	fr.	c.	fr.	c.	fr.	c.	fr.	c.	fr.	c.	fr.	c.	fr.	c.	fr.	c.	fr.	c.	fr.	c.	fr.	c.	fr.	c.	fr.	c.	fr.	c.	fr.	c.	fr.	c.	fr.	c.	fr.	c.	fr.	c.	fr.	c.	fr.	c.
Vase, nº 21, 1re, (prix par pièce).	50 centimètres.	225	»	250	»	275	»	300	»	450	»	350	»	375	»	400	»	450	»	500	»	375	»	400	»	425	»	450	»	500	»	400	»	425	»	450	»	500	»	550	»	75	»	125	»	200	»
— — 2e, —	37 —	150	»	175	»	200	»	225	»	250	»	175	»	200	»	225	»	250	»	275	»	200	»	225	»	250	»	275	»	300	»	225	»	250	»	275	»	300	»	350	»	50	»	100	»	150	»
— — 3e, —	28 —	60	»	70	»	80	»	90	»	100	»	70	»	80	»	90	»	100	»	115	»	80	»	90	»	100	»	115	»	130	»	90	»	105	»	120	»	135	»	150	»	30	»	60	»	90	»

Nº 21 (1re gr.).

Nº 24 (2e gr.).

Nº 21 (3e gr.)

VASES

Sculptés par Édouard Lindeneher.

N° 20. N° 52.

Hauteur : [illegible] centimètres; Prix : 2[illegible]0 fr.

Hauteur : 52 centimètres; Prix : 350 fr.

VASE VIGNE

Sculpté par Édouard Lindeneher.

Hauteur : 30 centimètres ; Prix : [illegible] fr.

PARIS. — Impr. J. CLAYE. — A. QUANTIN et Cie, rue St-Benoît.

A. Quantin imprimeur
r. S. Benoît, 7. à Paris

www.ingramcontent.com/pod-product-compliance
Lightning Source LLC
LaVergne TN
LVHW012221170726
843503LV00005B/2204

* 9 7 8 2 3 2 9 6 9 5 4 4 0 *